GANGREEN 4

Psych, B, II

JEF GEERAERTS

Gangreen 4

(HET ZEVENDE ZEGEL)

*Voor de bibliotheek
in Denderhoutem.

Jef Geeraerts*

ƐM

MCMLXXIX
Elsevier Manteau
Brussel/Amsterdam

Copyright Jef Geeraerts, Antwerpen, MCMLXXVII
Vierde druk
D MCMLXXIX 0065 18
ISBN 90 223 0624 0

Wat is het huwelijk?

Het huwelijk is het Sacrament waardoor man en vrouw zich als echtgenoten voor God en geweten tot aan de dood verbinden, en genade bekomen om met elkander christelijk te leven en hun kinderen tot Gods eer op te brengen.

Catechismus ten gebruike van al de bisdommen van België

Ieder huwelijksgebruik bij welks uitoefening de handeling door opzettelijk menselijk ingrijpen beroofd wordt van haar natuurlijke krachten om leven voort te brengen, is een inbreuk op de wet van God en de wet der natuur, en wie zich daaraan schuldig maken, bezoedelen zich met de smet van zware zonde.

Encycliek van paus Pius XI Casti Connubii van 31 december 1930 over het christelijk huwelijk, par. 66.

Alleen een grote eerbied voor de vrouw kan tijdens de verloving de man in het rechte spoor houden; en dan is er voor de vrouw zelf ook niet het minste gevaar.

Uit 'Ja, ik wil' van Dr. W.B. Huddleston Slater

Men krijgt macht over de nachtmerrie door haar bij haar echte naam te noemen.
Martin Buber

Opgedragen aan alle mannen die zich opvreten van spijt omdat er wetten in de weg staan en praktische bezwaren. Alsmede een stille hulde aan alle echte vrouwen van de wereld.

Dit is het verhaal van het vierde litteken

Woord vooraf

Af en toe wordt in dit verhaal gezinspeeld op namen en feiten, die reeds uitgebreid werden beschreven in de vorige Gangreen-boeken.
Voetnoten zijn hier m.i. misplaatst. Mijn trouwe lezers zullen al wel begrepen hebben dat Gangreen 1, 2, 3 en 4 eigenlijk maar hoofdstukken zijn van één boek, dat echter nog lang niet geschreven is.

29 maart 1977
Bekeer u, want ik ben getrouwd.
Jeremia 3 : 14

Is het mogelijk dat die mediterrane dame daar ooit mijn vrouw is geweest, vroeg ik me in verwondering af, toen ik haar in de hal van het Antwerpse Hof van Beroep stijf rechtop naast de duidelijk verveelde advokaat zag zitten. De vormloze bruine mantel om borsten en heupen, de handtas, de hoed, de handschoenen, identiek hetzelfde kapsel als vijfentwintig jaar geleden, de zware wenkbrauwen. Welke rechten heeft zij nog uit te oefenen, dacht ik, trouwens welke rechten hebben dergelijke vrouwen? Het enige gevoel dat ik met de beste wil kon opbrengen was medelijden. Vanwege de grote eenzaamheid die haar gestalte opriep. Ook: hoewel ik haar na bijna dertien jaar voor het eerst weerzag, beroerde het me zo goed als niet. Alsof ze even om boodschappen was gegaan en het flatje weer binnenkwam. Ze had nog altijd haar trouwring aan.

26 januari 1954
Als diamant, harder dan steen
maak ik uw schoot.
Ezechiël 3 : 9

Een seconde nadat ik meer dan twee uur te laat met het in cellofaan verpakte boeket orchideeën in de vuist aanbelde, ging de voordeur van het propere huisje met een ruk open. Ze zag hoogrood, ze had de groene satijnen jurk aan met het ronde kraagje, het parelmoeren halssnoer, de broche, haar ogen waren gezwollen. Ze blies hevig door haar neus en prevelde: Wat hebt ge nù gedaan! Alleman zit al van zéven ure te wachte! Bij vriende geweest, antwoordde ik. Ge riekt naar den drank, fluisterde ze opgewonden, en bij wélke vriende zijt ge d'ailleurs geweest? Ik reageerde niet, dacht: godindehemel dit is m'n eerste uitbrander, zeg het dus met bloemen. Automatisch nam ze het boeket aan, ik overhandigde ook het etui met de ring, zou haar kussen, voelde terloops dat ze een nieuw corset aanhad, ze presenteerde een wang, er zaten transpiratievlekjes in haar oksels, tenslotte gingen we naar binnen, waar de spanning letterlijk te snijden was, ik gaf vaag een verklaring in de ruimte, merkte het scepticisme bij mijn vader, de opgeluchte vreugde bij mijn moeder, haar ouders zaten perplex vanwege deze verregaande onbeschoftheid, haar zussen en de jongste broer met het familielachje om hun mond, de aspirant-jezuïet had van pater magister helaas geen toestemming gekregen om het verlovingsfeest van zijn zuster bij te wonen, zijn foto in K.S.A-uniform met de badge van de hoogste graad (Ridder) prijkte op het buffet naast het portret van Leopold III. De zoete martini in het zilvergestreepte glaasje proefde klef na de cognac die ik de hele namiddag met Helena had liggen te drinken. Toen ik haar had gezegd dat ik voorgoed bij haar wou blijven, mijn koloniale carrière overboord gooien, samen een wereldreis maken en ergens blijven wonen, had ze een bloemenwinkel opgebeld, die het boeket om halfnegen was komen afgeven. Daarna had ze voor een taxi gezorgd en vlak voor het afscheid hadden we elkaar droef, hevig omhelsd (shalom shalom shalom) en terwijl ik een uur later, haar parfum nog overal op mijn huid, versuft aan de onbegrijpelijke feesttafel zat, waar mijn ouders schichtig voor zich uit hadden gekeken tijdens de obligate minuut stilte voor het gebed, daarna talrijke schotels gevulde eieren, sla, tomaat, ham, mayonnaise, garnaal, krab, lauwe rosé d'Anjou en het geknap van vele broodjes om me heen, zij nerveus, blij, ondanks alles de aanstaande bruid, de diamant van haar nieuwe status schitterend aan de vinger, ging het alsmaar door mijn hoofd (om niet op te springen en als een haas de besneeuwde straat in te rennen): Zeg het met bloemen, de Ridder van Kristus, zeg het met bloemen.

12 mei 1954
Van lust druppelen uw lippen, bruid, honig
en karnemelk is onder uw tong.
Hooglied 4 : 11

Klaarwakker in de maannacht, luisterend naar de onwezenlijke nachtegaal, hield ik het wildvreemde gezicht op het hoofdkussen naast mij aandachtig in het oog, waarvan de mond een heel biezonder geluid was begonnen voort te brengen: inhalen met een zacht doodsgerochel, uitblazen met een pufgeluid van ontsnappende lucht vantussen vochtige lippen, dezelfde lippen die ze vanmorgen na de huwelijksmis-met-dreunende-bruidsmars in de grijze Packard godbetert eerst nat had gemaakt om me daarna met ver gesperde mond te overvallen, de tong zo diep mogelijk naar binnen te duwen, nadat ze me verhit had toegeroepen: Nu màg hetéé pappie? Gegeneerd vanwege de chauffeur die ons door de achteruitkijkspiegel brutaal zat te beloeren, had ik haar zacht proberen af te weren, maar ze werd rood, greep mijn nek en dwong me op mijn beurt de tong tegen haar verhemelte te houden, zodat ze zich bijna verslikte, ik proefde het zoetige speeksel, trok mijn hoofd terug en zei dat een tongkus niet per se op die manier gegeven werd, ze replikeerde snel dat het

11

helemaal niet gaf *hoe* we het deden, hoofdzaak was zo gauw mogelijk *in verwachting* te komen, want ze wilde zo gauw mogelijk *een warm lichaamke in haar armen wiegen*. Ik voelde me helemaal koud worden en kon geen woord meer uitbrengen, hulpeloos hield ik haar hand in de mijne, dat vond ze ook goed, de karavaan auto's was intussen bij het huis van mijn ouders gearriveerd voor de receptie op het terras (de zon was ook van de partij) waar ik in hoog tempo een reeks glazen champagne naar binnen had gegoten, de rij bezoekers met *hartelijke* gelukwensen, even voorstellen, handen drukken, zoenen wisselen, zelfs af en toe een traantje, geroezemoes van opgewekte stemmen, alweer twee jonge mensen in trouw totterdood verenigd, daarna in karavaan naar de zaal, waar de twee nu voorgoed verenigde families roomsoep, koninginnehapjes, tarbot, ossehaas met groentenkrans, châteauneuf-du-pape 1949, ijstaart, mokka en likeur te verorberen kregen, mijn grootvader zette tot ergernis van haar familie de zaak enigszins op stelten met schuine moppen, straatliedjes en grappen met het dienstpersoneel, ik dronk het ene glas zware wijn na het andere, maar werd niet dronken, alsmaar moest ik aan datzelfde denken, en naast mij de zielsgelukkige bruid die dapper haar glaasje meedronk, met mate wel te verstaan, en mijn grootvader wist van geen ophouden, hij las een gelegenheidsgedicht voor met het rijmpje 'boenk ieder jaar een joenk', hij wou ook absoluut met de bruid dansen maar struikelde over zijn eigen voeten, tenslotte werd de feestzaal ongewoon vroeg ontruimd zogenaamd om het jonge paar toe te laten naar het buitenhuis in Brecht te gaan voor de huwelijksnacht. De twee families groetten elkaar nauwelijks, verward, verstrooid nam ik afscheid en omhelsde mijn grootvader als een broeder, hij mompelde alsmaar 'klootzakkeklootzakke' en 'nom de Dieu' en met tranen in de ogen zei hij: Doe het goedéé boy. Langzaam reden we met de Ford van mijn ouders naar Brecht, waar de maan Turks boven de heide stond, ik had graag nog even het bos in gewild om mijn groeiende weemoed kwijt te raken, maar dat ging niet vanwege de witte bruidsjapon, dan maar zo naar binnen, maar ze wou per se dat *ik* de knoopjes losmaakte, ze deed hem echter zelf uit, verdween en verscheen onzeker, hijgend, in beha en corset, waarboven een witte geribde broek met pijpjes, ze had ook haar kousen uitgedaan en de jarretellen hingen naast haar dijen, vroeger had ik bij gelegenheid gevraagd beha's te kopen die de buste omhoog hielden in plaats van die goedkope spullen uit de buurtwinkel, maar dat was volgens haar te uitdagend, nu staken de zware borsten inderdaad voor de eerste keer ongelooflijk ver vooruit in de versterkte cups, nu mocht het immers, àlles mocht nu voortaan, van de pastoor die de huwelijksmis had opgedragen, hadden we een boekje met de encycliek Casti Connubii gekregen, dat ze mee naar de slaapkamer nam. Daar deed ze het corset uit en toen viel me op, welke uitgezakte buik ze had en welke logge billen. In het bed (na een bliksemsnel kruisteken) opnieuw haar tong zo diep mogelijk in mijn mond proberen te krijgen met het verzoek hetzelfde bij haar te doen, waarbij ze nerveus jajaja! fluisterde, de broek had ze nog aan, daarboven een rose flanellen nachtjapon, want de nachten waren flink koud in de Kempen, ten einde raad vroeg ik haar bevend of ze ooit wel 's sexuele voorlichting had gekregen. Neen, antwoordde ze snel, alsof ze zich schaamde, over die dinge werd *bij ons* nooit gesproke, da was *verondersteld-gekend*. Ge zijt achtentwintig

13

jaar geworde, zei ik (alles werd min of meer duidelijk, maar ik weigerde het te aanvaarden) denkt ge serieus dat een tongkus de geslachtsdaad is? Ja, antwoordde ze vurig, want ik word helemaal warm vanbinne, o Lijster, laat ons liever op een andere keer daarover spreke, het heeft allemaal zo geen haast, tijdens de retraite zei pater Arts dat sommige koppels elkaar soms tot zes maande blijve *respectere*... Ja, Winnetoe, antwoordde ik automatisch met haar totem van de girl scouts (de mijne had ik pro forma van haar gekregen). Ze zei: Of misschien gaan we toch beter eerst naar mijnen biechtvader in de Provinciestraat, die kan ons zeker en vast helpe, want ik wil het *goed* doen, o pappiewappie ik heb er àlles voor over om het *goed* te doen! Ze zei het op dezelfde hoge, huilerige toon zoals vroeger soms wanneer ze tijdens discussies over morele problemen geen gelijk kon krijgen, tenslotte bekende ze dat ze erg moe was van al de emoties, ze gaf me een kruisje plus een kus-van-alledag en een seconde later sliep ze, ik wachtte met ingehouden adem, liet me uit het bed glijden, opende het raam en ademde diep de koude nachtlucht in, ergens in de bossen van de Miksebaan floot die godverdomde nachtegaal nog altijd, Helena! riep ik hard opdat ze het vanuit het bed zou horen, Helena! (Twee dagen tevoren, tijdens het definitieve afscheid, had ze gezegd: I'm too old for you, try to make her happy, she deserves it... Een laatste keer had ik haar gesmeekt om samen weg te gaan, haar man was een jaar tevoren gestorven, ze had nu een huis in Vermont, een villa in Italië, maar ze vond zeventien jaar leeftijdsverschil te veel, het zou onvermijdelijk faliekant aflopen, en ze wou de herinnering aan onze passie tot elke prijs zuiver bewaren).

Bibberend van kou sloot ik het raam en gleed opnieuw

onder de dekens, waar het heel biezondere geluid intussen een aanvang had genomen.

16 juni 1954
Bitter als alsem is het zaad
dat lichtzinnig wordt verspild.
Richteren 23 : 7

Van twee dingen kon ik na enkele dagen bootreis op de Kongostroom mijn ogen niet meer afhouden: het landschap en de zwarte vrouwen. Urenlang op de reling leunen en gebiologeerd naar de traag voorbijschuivende oevers kijken, soms zo dichtbij dat je de takken bijna kon grijpen, soms een dunne streep aan de van electriciteit trillende horizon. Dagen en nachten in vochtige hitte de slow motion van de rietvelden, de oerwoudpartijen, de papyruseilanden, de lagunen, de dode armen, de mangrovebossen, de drijvende boomstammen, de zwermen watervogels, gekrijs, gekolk, geritsel, gepiep, het koortsige zwarte land uit mijn jeugddromen dat ik nu ongelovig betrad zoals Huckleberry Finn, met onmiddellijk daarna, onverklaarbaar, grote rust. En toen ik in een impuls even knipoogde naar een prachtige negerin die in een prauw vlakbij passeerde, ze me met witte tanden toelachte en haar tong uitstak, voelde ik iets splinternieuws, adembenemends in me ontstaan, een jeukende spanning tussen aars en ballen, dat met de beste wil niet meer weg te krijgen was. Wat moest ik doen? De negerin een teken geven en me in de prauw laten zakken? Desnoods kon ik de echtgenote kortstondig dekken, maar ze lag in de snikhete kajuit met diarree van slordig gespoelde sla. Voorlopig was er dus dispensatie van huwelijksplicht, waar de bewuste Dominikanerbiechtvader haar twee weken na dato via een formeel voorschrift van Moeder de Kerk discreet op had gewezen. Imprimatur. Nihil Obstat. Na enkele krachtige pogingen mijnerzijds scheurde het achtentwintigjarige vlies hoorbaar, de maagd tuimelde van haar voetstuk, een waar bloedbad ontstond zodat ze twee dagen met een maandverband rondliep en de eerste ejaculatie geschiedde zonder dat ze er iets van merkte. En nu, vijf weken na de kerkelijke inzegening, was de gang van zaken ongeveer aldus: (Bij haar) één van de serie van 12 witte broeken uitdoen, even in het kruis kijken, er een prop van maken, klaarliggende handdoek onder de billen, knieën spreiden, kom maar, geduldig wachten tot het voorbij is, handdoek weg, broek weer aan. (Bij mij) onderbroek uit, beginnen te masturberen tot de erectie aanhoudt, de buitengewoon moeiteloze immissio penis, de handbewegingen stootsgewijs in het vagijn voortzetten, pollueren, eruit, poetsen, goede nacht mammie, kruiske van haar krijgen, met open ogen liggen te registreren, disseceren, waanzinnige vergelijkingen doortrekken. Tot het zachte gesnurk zou beginnen, waar ik soms naar *keek*.

In het versterkte kruis van haar broeken zat steevast een gele, soms bruinachtige vlek die in de tropische hitte een wee luchtje afgaf, vooral in bed. Toen ik haar ten einde raad had gevraagd daar toch ook zeep te gebruiken (de rest kreeg een dagelijkse beurt) had ze een plausibel argument: Zeep en water zijn schadelijk *voor de slijmprop* in de schede die de zaadcellen levend houdt op weg naar het vrouwelijk ei in de baarmoeder. Zelfs een oppervlakkige ablutie van de schaamlippen kon zaadcellen doden en dat was streng verboden, dat stond duidelijk in 'Ja, ik wil', het boekje dat ze de tweede week van haar huwelijk had gekocht om toch iéts te weten te komen over het sexuele leven van de mens. Mijn lessen terzake vond ze cru en *bangelijk*. De auteur van het vrome voorlichtingswerk, die het notabene aan zijn *heilige vrouw* had opgedragen, bracht haar in de praktijk nauwelijks een stap verder. Het was Helena die me het enorme belang van de clitoris had geleerd. Verkrampt, zwetend van spanning had de echtgenote mijn pogingen ondergaan, maar het orgaantje was bij haar haast onvindbaar en reageerde niet, éénmaal ontlokte het haar wel een kort gegiechel. De erogene zone van de tepels werd eveneens uitgetest, maar ze zei dat dat niet goed was, ze werd er zo *aardig* van. Toen de eerste maandstonden doorkwamen (op de grote boot na Tenerife), keek ze me verwijtend aan. Was een tongkus al bij al niet beter dan dàt? Toen ik haar naar de tekst in 'Ja, ik wil' verwees, waar de geslachtsdaad wetenschappelijk werd beschreven (over genot of simultaan orgasme werd met geen woord gerept) haalde ze verongelijkt de schouders op, waarbij het gewone spotlachje om haar mond verscheen. Druppelsgewijs kwamen enkele karaktertrekjes bij haar te voorschijn, die me vroeger niet waren opgevallen. Altijd gelijk willen hebben, tegen alle beter weten in aan een eenmaal genomen besluit vasthouden, geen tegenkanting dulden, over iedereen behalve haar moeder systematisch kwaadspreken. Tenslotte een uitgesproken inhaligheid, als een hamster voorraden van alles aanleggen alsof de zeven plagen van Egypte het land bedreigden. Een massa huisraad, een bataljon zilveren kommen en schalen van het merk Wiskemann, een dubbele serie dito couverts die ze buitengewoon listig van haar tante had afgetroggeld, hoewel er één serie voor haar zuster bestemd was, een groot assortiment genees- en verbandmiddelen, om maar enkele rayons te

17

noemen. Zoals haar moeder was ze een huistiran, het stond zelfs in haar handschrift te lezen, verklaarde ze trots, dat plus een aangeboren zin voor omgangsvormen en maatschappelijke orde. Eenmaal replikeerde ik toen het me te gortig werd: God heeft inderdaad de standen gewild en Jezus weigerde evenmin parfum van Maria Magdalena. Ze werd rood omdat ze niet onmiddellijk een tegenzet kon bedenken. Onveranderlijk kwam dan de zin: Met die zaken spotten strekt iemand allerminst tot eer, Jo. Vergezeld van het familielachje. Hoewel ik paradoksaal nog hoop bleef koesteren haar ooit eens sexueel te doen ontwaken, opende een korte idylle me de ogen. Het gebeurde op de boot kort na het vertrek uit Antwerpen. Anneke. Pas getrouwd, zwart, slank, pittig, na een minuut smoor op mij, ik op haar. Tijdens een storm in de Golf van Biskaye had haar vent zeeziekte, mijn echtgenote natuurlijk ook, ze kon zelfs niet over eten horen *praten*. Na het souper gingen Anneke en ik naar de bar. Omhelzingen. Naar boven. Door wind en regen tot op dek A. Met veel moeite een reddingssloep openpulken. Erin en daar gebeurde wat in de sterren geschreven stond. Ze had een goede clitoris en een fijn spannend kutje dat ze twee keer daags poetste en zalfde. Haar ondergoed was zacht en opwindend. Met mijn eikel deed ik haar eerst in freewheel klaarkomen en toen ik in haar kwam, gingen we samen bijna door het dekzeil en nog eens en nog eens. O ek bluf bi joen ek bluf bi joen! fluisterde ze in vervoering. In de bar daarna, in een poging om de opkomende triestheid weg te drinken, vertelde ik haar over de te grote, responsloze holte, de theorie van de slijmprop. Anneke zat met een vrijwel gelijkaardig probleem opgescheept, maar omgekeerd. Haar vent kon niet wachten en zij wenste absoluut simultaan te genieten. Hij was twee jaar seminarist geweest, volgens haar de oorzaak van alles. Die avond ondanks haar zeeziekte de eerste echtelijke ruzie: Waar zijt ge zo lank gebleve? Zijt ge nie beschààmd? De ellendige periode tussen de Golf van Biskaye en Matadi. Anneke en ik op hetzelfde schip godbetert, kapot van verlangen naar elkaar, reeds fysiek walgend van de respectieve partners, de wettelijk beschermde overwinnaars die zich met een dikke krop aan onze zijde vertoonden. Het evenaarsbal na de groteske, barbaarse doopplechtigheid. Met Anneke dansen, haar slangelijfje dicht tegen me aan, verliefd, machteloos, in woede. Daarna ook de echtgenote, stroef, doorlopend uit de maat vanwege de Dramamine, buiten adem na drie foxtrots. Tijdens de laatste dans in Anneke's oor: De tijdbom is geplaatst.

En op 16 juni 1954 de eerste symptomen van een nieuwe ziekte: me op de wc even gaan aftrekken om de geilheid uit mijn onderbuik te krijgen, later tijdens het vervullen van de huwelijksplicht de uitstorting van mannelijk zaad veelal simuleren, door de jezuïeten gemeenlijk pia fraus genoemd.

1960

11 augustus
Allez venez Milord
Vous asseoir à ma table
Il fait si froid dehors
Ici c'est confortable.
Edith Piaf

Vier dagen nadat ik op de Nationale Luchthaven van
Zaventem de eerste moederlandse *authentieke* daad
had gesteld door de dame van het Rode Kruis sec voor
'conne' uit te schelden omdat ze me een tweedjasje-
met-ronde-schroeigaatjes van de Aide aux Réfugiés de
l'ex-Congo Belge had willen overhandigen (ce veston a
appartenu *au prince Albert*, monsieur!) zat ik gespannen als een veer ondanks de luminal in de tuin van het
bungalowtje van mijn nog steeds niet getrouwde
schoonzus met de voltallige sibbe het Feest Aller Moeders te vieren. Alleen de jezuïet ontbrak alweer.
Omdat intussen de rist kleinkinderen tot halfwasjes
was opgegroeid, werd een soort Vlaamse kermis inge-
richt met volksspelen als zaklopen, blindenhoeike, An-
toinette-wie-heeft-den-bal? enzovoort, er werden liedjes gezongen en veel boterletter, koffiekoeken en fruittaart met slagroom naar binnen gewerkt, de heren
minus ik rookten cigarillos, literflessen limonade stonden in het gelid voor de kinderen die naar hartelust
klokten en slurpten, de moeders van het gezelschap
werd gewoontegetrouw verboden ook maar één poot
uit te steken naar bediening of afwas, ze waren ruim
van bloemen voorzien en troonden wijdknies op tuin-
stoeltjes, de gelegenheidskoninginnen naar het voorbeeld van de Moedermaagd, wier hemelvaart naar
jaarlijkse traditie werd gevierd. Tot de uitverkorenen
behoorden mijn schoonmoeder, de oudste schoonzus

en mijn echtgenote. De vier neefjes en nichtjes plus mijn twee oudste kinderen zetten de boel ongestraft op stelten want onrechtstreeks was het ook hùn feest. Zelfs het spastische Gertje weerde zich dapper vanaf de brede dijen van zijn mamma, hij kwaakte en trappelde vrolijk met de stekkebeentjes. Mijn jongste dochtertje zette kraaiend de eerste stappen in het leven, monkelend aangemoedigd door bomma en de tantes.

Die vier godvergeten dagen. Vanuit Zaventem had ik na enkele pilsjes in de bar mijn ouders opgebeld (bij mijn echtgenote thuis hadden ze gelukkig geen telefoon), was per trein naar Antwerpen gereden, vandaar met tram 61 naar Schoten. In beide voertuigen werd de gebruinde, vervuilde vreemdeling in kaki tropenkleren nieuwsgierig aangegaapt. Het was hoogzomer, de oude beuken van de Kasteeldreef ruisten zacht in de wind, maar ik kon het onmogelijk warm krijgen. Mijn enige bagage bestond uit een draagbare grammofoon en drie platen, waar mijn ouders na de emotionele begroeting verbaasd naar moesten kijken. In de achterzak van mijn shorts zat een dikke bundel Kongolese bankbiljetten. De wisselkoers daalde met de dag en mijn vader raadde me, zo gauw mogelijk in bulk te wisselen. Na een heet bad, waarvan het water een bruine rand op de kuip achterliet, braadde mijn moeder een reusachtige biefstuk, plus sla en patates frites, die ik zorgvuldig proevend opat, genietend van de nieuwe smaken na al het buffel- en apevlees, maniok en palmolie. Uit alle macht probeerde ik de opkomende spleen te verdringen om niet opeens jankend op de tafel te beginnen slaan, haar naam te roepen (*pesa ngai ndzotu na yo, Julie!*) en ze zou me zeker horen, triest gehurkt in de schaduw van een vreemde barza, uit de hitte die op het terracotta dorpsplein blakerde, de droge warme wind uit de savanne, het geklop van stampers in mortieren, de prehistorische geur van houtvuren. Ik dwong mezelf me voor de gelegenheid zo goed mogelijk te voelen in de piekfijn getrimde tuin van de ouderlijke villa, ik liep even blootsvoets het huis in, voelde de ijskoude tegels onder mijn voetzolen en toen was de weemoed er voorgoed, mijn moeder vroeg of ik niet naar vrouw & kinderen toe wou, die voor het ogenblik in het bungalowtje in Putte verbleven, maar ik vroeg om nog wat te blijven, de whiskyfles kwam te voorschijn en dankzij de pil (tersluiks op de wc) kwam de bekende onverschilligheid die een onverklaarbaar verlangen naar gevaar en doodsangst verre zou houden, de gesprekken hield ik met opzet neutraal, Kongo kwam amper ter sprake, de avond viel traag over de bomen en toen waagde mijn moeder het te opperen dat ik tenslotte toch ook nog vrouw & kinderen had, ik vroeg of ik de nieuwe Ford mocht sturen en in het voor mij ongewoon drukke verkeer reden we naar Putte, wat ik een beetje stupide probeerde uit te stellen door uiterst langzaam en voorzichtig te rijden, aan de laatste bocht moest ik me alweer inhouden, ditmaal om niet te stoppen, uit de wagen te springen en in de bossen van het reservaat te verdwijnen.

Het weerzien. Mijn echtgenote deed opgewonden van vreugde, ze hield geen seconde haar mond en schoot het welbekende trommelvuur van tweehonderd vragen per uur op me af, de twee oudste kinderen gaven blij, hoewel ietwat verlegen kusjes aan de pappa, beurtelings mochten ze even bij hem op schoot en renden dan de tuin in, uitgelaten omdat ze langer op mochten blijven, het jongste sliep al en kreeg een vederlicht zoentje op haar voorhoofd. Het liefst was ik ondanks alles in het bungalowtje gebleven (ik zag mijn vader misprijzend naar de golfplaten en het armtierige meubilair kijken) maar er waren geen bedden genoeg en we zouden dus naar de stad moeten om bij haar ouders te logeren. Het bagage inpakken verliep nog altijd volgens een systeem van lijsten die gecollationeerd werden als de inventaris van een kazerne, ik had dringend whisky nodig om het gevaarlijke gedeelte van mijn bewustzijn uit te schakelen, dat dreigde te exploderen toen het oudste dochtertje om me heen dansend voor de zoveelste keer Milord van Edith Piaf ten beste gaf, de tophit van die dagen. Hoord's pappa, hoe goe da ze *de voeis* kan houe, zei haar mamma trots. En z' heeft ook *een nieuw woord* uitgevonde, *zégget* 's tege de pappa! *Snijpartij,* zei ze snel. En haar broertje ook al: *Knukkelmachien.* Af en toe sijpelde zelfs Lingala in de conversatie, ietwat aanstellerig, wat me telkens ineen deed krimpen. Tijdens het naar Antwerpen rijden zat mijn vader achter het stuur. Op zeker ogenblik kreeg mijn echtgenote de plaat van Strawinsky in het oog die op mijn knieën lag. Lachend zei ze: *Massacre* du printemps. Ik glimlachte welwillend maar mijn hart begon in mijn keel te kloppen. Ik sloot de ogen en danste opnieuw Mustapha, dicht tegen Julie aan, buiten was de nacht zoals altijd vervuld van moeraskrekels en giftige bloemen, doodskreetjes van gewurgde kinderen en gekraak van beenderen. Toen ik werd opgeschrikt door een gulp warme adem in mijn oor met een vochtige smakkerd op de lel, de woorden: Het gàat vannacht, pappie, het kàn! plus een nerveus kneepje in mijn arm, groeide de dégoût dermate dat ik het raampje moest opendraaien.

Bij haar thuis. Vreugde alom en grote dankbaarheid omdat het H. Hart de novene van haar moeder uiteindelijk had verhoord. Mijn ouders verdwenen ijlings.

Martini in het salonnetje. Koekjes. Gebabbel. Grapjes: En wanneer vertrekt ge nu terug naar de Kongo hahaha? Hard gelach om *Massacre* du printemps. De kindjes hop paardje in galop naar boven, want de zandman was in aantocht. Respect voor de zichtbare vermoeidheid van de vluchteling. Naar boven waar ik voor het eerst in grote verbazing haar jongemeisjeskamer te zien kreeg. Negentiende-eeuws ledikant. Zware spiegelkast. Kruisbeeld. Heiligenprenten. Bloemetjesbehang. IJskoud balatum. Lampetkan en kom. Na drie maanden onderging ik verlamd opnieuw de oude gebaren: eerst nachtpon aan, rok eronder uit, dekens er half af, bed in, dekens met een ruk tot aan de kin, bliksemsnel kruisteken. Ondanks de gerechtvaardigde vooruitzichten vanwege de gunstige periode, had ze evenzeer respect voor mijn vanzelfsprekende vermoeidheid. Terwijl ze tevreden snurkend voorgoed haar positie van echtgenote innam in het aanzienlijk verbeterde bestel, wachtte ik, apathisch luisterend naar de voorbijrijdende auto's en trams, de uitwerking van de slaappil af.

Die nacht schrok ik uit de droom wakker, kwam half overeind en greep in paniek onder het hoofdkussen naar het pistool dat er niet was. De aanstormende Baluba, de Thompson weigert en de speer dringt met een plof in mijn borst. Toen de hartkloppingen bedaard waren, lag ik roerloos het Uur van de Wolf af te wachten. Intussen naar de romp-met-hoofd naast mij te kijken. In mijn achterhoofd onophoudelijk de melodietjes van Milord en Mustapha.

Een degelijke vrouw, wie zal haar vinden?
Haar tegenwaarde gaat een veld alruinwortels
ver te boven.
Spreuken 31 : 10

Om het lastige aanpassingsproces aan Europa ietwat te vergemakkelijken, kreeg het gerepatrieerde gezin na de zomervakantie 1960 de volledige beschikking over het bungalowtje. Vooral het ontbreken van enige deadline beviel me. Bovendien zou het de kinderen goed doen, want ze zagen er maar bleekjes uit en waren nog erg nerveus, echte koloniaaltjes. In Putte konden ze ravotten zoveel ze wilden. In mijn schoonfamilie sprak men altijd van *Heide,* hoewel het eigenlijk grondgebied Putte was. In Heide woonde namelijk de betere klasse. Een trekje. Ravotten was maar bij wijze van spreken, want bij het minste tochtje werden ze door de overbezorgde mamma ingeduffeld als bergbeklimmers. Bij het minste kuchje prompt toedienen van medicamenten uit de nog steeds ruim voorziene huisapotheek. Een overblijfsel uit haar tijd bij de girl scouts, waar assistente Winnetoe's specialiteit E.H.B.O. was. Op mij had ze intussen nog altijd zo goed als geen vat, maar in tegenstelling tot in Kongo kon ze nu mijn doen en laten zonder moeite, haast vanzelfsprekend volgen, ik was immers altijd thuis zoals de warme bakker.
Een week nadat we in de Kempen gesetteld waren, gebeurde er iets. Onverwacht, onbemind begon ik als een bezetene aan een roman te schrijven. De titel was 'Vurig Water'. Mijn echtgenote reageerde evenzo onverwacht. Ze keek zonder het minste commentaar toe met wat ik bij mezelf *het unieke familie-oog* was gaan noemen. Af en toe zei ze dubbelzinnig tegen de kinderen: Niet teveel lawijt make want de pappa-is-aan-'t-

schrijve. Ze vertikte het te vragen *wat* ik aan het schrijven was. Brieven? Een dagboek? Een verslag? Dat ik gewoon een waanzinnige nostalgie probeerde af te reageren, kwam gewoon niet bij haar op. Ze keek toe als een kruisspin, en het ergerde haar buitenmate, dat voelde ik. Omdat het een gebied was waar ze voorlopig niet in kon. Daarom probeerde ze me blijkbaar op zorgvuldig gekozen tijdstippen van mijn manuscript af te houden. Door me om boodschappen te sturen of me *absoluut dringende* karweitjes te doen opknappen. Ik deed het zonder morren. Met de gammele fiets van haar zuster reed ik naar Putte-dorp. Voorzien van een ampele lijst, waarvan de produkten nauwelijks in de reusachtige vooroorlogse *kabas* van haar moeder konden. Ze miste echter haar doel, want fietsen vond ik in de gegeven omstandigheden heerlijk. Genieten van een glimp vrijheid. Een speciale techniek ontwikkelen: over het boek nadenken tijdens de quasi-automatische beenbewegingen. Aanvankelijk, met al die luminal in mijn lijf, was ik soms zo verstrooid dat ik verdwaalde en de weg moest vragen. Terug thuis was het: Waar hebt ge nù weer gezete? Mijn antwoord ontlokte haar een korte spotlach. Plus een nieuwe tic: schokschouderend even een wijsvinger naar de slaap brengen. Voor veel minder had ik vroeger negerinnen een pak ransel gegeven. Stelselmatig dwong ik me, minder pillen te nemen, het had geen zin meer, België was immers een veilig landje waar het goed was om te leven. Toch durfde ik in die tijd bij voorbeeld nauwelijks onkruid te wieden uit schrik voor slangen, en mijn eenzame avondwandelingen (ze weigerde de kinderen ook maar één seconde alleen te laten) had ik het liefst met een geladen pistool op zak gedaan. Tegen de aankoop van een .22-karabijn werd zo'n heftige oppositie gevoerd dat ik het plan opgaf. Mijn nieuwe fobie voor slangen hield ik zorgvuldig voor mij, het gegier zou niet van de lucht geweest zijn, als ze het op de volgende familiebijeenkomst te berde had gebracht, wat ze zeker zou hebben gedaan. Van de Baluba-periode wist ze enkele vage details. Nooit stelde ze er vragen over. Volgens het adagio: Die niejen weet niejen deert. Hetzelfde adagio had haar trouwens afdoende tegen de zwarte vrouwen beschermd. Dus. De meer dan vijftig vuurrode littekens op mijn rug en buik noemde ze met een guitige knipoog *zijn furonkels*.

Het eerste teken van haar groeiende macht, waar ze zich duidelijk van bewust begon te worden, was haar permanent goede humeur. In Kongo kon ze soms uren aan een stuk met rode ogen rondlopen, vooral wanneer er brieven uit België kwamen. Heimwee-naar-huis heette dat. Mij kwam dat belachelijk voor vanwege het Caesar-complex dat ik naar hartelust kon botvieren. Ik noemde dat soort heimwee Het Grote Parochiale Gemis. Ik weet niet wat me in Kongo meer bevredigde, dat teergeliefde complex of het woeste ronddarren met zwarte wijven. Waarschijnlijk was het wel in de eerste plaats de onbeperkte vrijheid om macht uit te oefenen. Onderzoekingen bij apen van de New Yorkse Zoo hebben dit bevestigd. In de herfst van 1960 begon het er op dat gebied somber voor me uit te zien. Voorgoed, als ik er niet gauw een stokje voor stak. Dat besefte ze vermoedelijk ook. Uitdagend, triomfantelijk leverde ze negatief commentaar op de *scabreuze* situatie in Kongo. Elke dag langer in België betekende inderdaad een slag gewonnen op de vijand. Iets zei me, de zaken rustig op hun beloop te laten en de eventuele tegenslagen stoïcijns te aanvaarden. Materieel hadden we het gelukkig vrij breed. Gedurende zes maanden het volledige koloniale salaris en daarna éénderde deel, ook nog behoorlijk. De touwtjes van de beurs hield ze in handen zoals in Kongo, maar ze wist niet dat ik ongeveer honderdduizend frank in een safe had zitten. Het zakgeld dat ze me toekende was dermate ridicuul dat het zelfs niets vernederends meer had. Zij van haar kant sloeg gewoontegetrouw voorraden van alles op, die neuriënd gestapeld werden. Het enige waar ze zich tot vervelens toe over beklaagde was het noodgedwongen derven van dienstpersoneel. In Kongo had ze maar liefst vier boys gehad, naar de gangbare normen daar zelfs overdreven. De hele dag deed ze vrijwel geen klap, alleen de kinderen wassen-en-aankleden, luiers aan- en uitdoen (ze had er zesennegentig) en kwistig Zwitsaltalkpoeder strooien. Ze was inderdaad voor het moederschap in de wieg gelegd en ze deed het met een lied op de lippen. Plus strenge controle op de boys en de sleutel van *het magazijn* beheren als een cipier. De rekken bogen door van de massa's conserven, waarvan de helft bol stond van de ouderdom. Als ik haar soms breeduit, met een kind aan de tepel, tussen de geboende meubels zag tronen, dacht ik: een Rubens in levende lijve, alleen de vergulde lijst ontbreekt. Geregeld belde ze om Thadeus de huisboy een lepeltje uit de lade te doen nemen, die binnen handbereik was. Ze gebruikte hiervoor een koperen belletje in de vorm van een Zeeuws boerinneke met klepel onder de rokken. Madame de Ségur, zei ik eens. Van moederskant zijn wij van oude Spaansen adel, antwoordde ze zonder te verpinken. En waken over de hygiëne. Red Boy-ontsmettingszeep die vreselijk naar carbol stonk, dettol, Klim-milkpowder in gekookt filterwater voor de zuigflessen, die na gebruik *langdurig* afgekookt werden, actief insecten bestrijden, geen huisdieren, strijken met een *heet* ijzer, als ik thuis was vitten op whisky-drinken en kettingroken. Ik werkte graag aan mijn auto of repareerde op zondag allerlei dingen. Toegeeflijk noemde ze dat *zijn prutsgenie.* Mijn geliefd katertje Gogol mocht niet in huis want elke kat had tbc-kiemen, en toen mijn aapje Pitoe zich per ongeluk had verhangen, meldde ze me vaag glimlachend het nieuws. Toen ik Gogol kort daarop bij vergissing doodreed, zei ze: Da komtervan. Ik was kapot door het verlies van twee wezentjes die zich onvoorwaardelijk aan mij hadden gehecht, een gebied dat eveneens voor haar gesloten bleef. Ik vond haar houding onbegrijpelijk, misschien omdat ik geen afgunst ken. Mijn zwarte wijfje Mbala zei eens van haar: Madamu na yo azali mwasi te. Uw madame is geen vrouw.

De enige lichaamsbeweging die ze nam, was in de vooravond uiterst langzaam, statig met het dochtertje in de *poussette* naar het tennisveld wandelen met witte kniekousen aan en helemaal ingewreven met een zuur riekend produkt tegen muggen. Oerklassiek in rok en katoenen bloes met halve mouwtjes, hoewel alle blanke vrouwen shorts droegen. Ze woog meer dan tachtig kilo, maar weet dit aan twee zwangerschappen kort na elkaar, waarbij ze zich met opzet niet in acht had genomen *voor het zog.* Terug in België kankerde ze vooral over de afwas. Ik droogde gewillig af. Dat is wel het minste wat een man kan doen, zei ze ontevreden. Zoals bij fietsen kon ik er ongemerkt bij nadenken. Hélaba, zit g'op de maan? riep ze soms en wapperde even met een hand voor mijn ogen.

Langzaam werd mijn bestaan door haar in gebieden verdeeld, die ze eerst perfect afbakende om er zich later *tegelegenertijd* meester van te maken. Bij voorkeur gebruikte ze geijkte uitdrukkingen met heel vreemde, voor oningewijden totaal onnaspeurbare bijbetekenissen, die in familieverband met gelach werden begroet. Tegelegenertijd, voorallevalleveur, dat is voor 't sluite van de Van Dyckfeeste (dat moest er nog aan mankeren). Dit aanwensel gaf haar zichtbaar een gevoel van grote zelfgenoegzaamheid. Ook het halfbeschaafde Antwerps vol Franse woorden wees op een zeker elitair bewustzijn, onder meer om de haverklap *pardon* met een bekakte Parijse r.

Het eerste gebied dat werd aangetast was dat van mijn ouders. Uw vader is een oneerlijke zakenman en een geldwolf en uw moeder kent maar twee dingen: haar enig zoontje en haar casserolle. Aan onophoudelijk roddelen tijdens familiebijeenkomsten was ik gewend, beter gezegd ik luisterde er niet meer naar en deed nauwelijks mijn mond open. Wat ze echter in september 1960 begon te doen had iets angstaanjagends. Alles om zich heen platbranden om een Duizendjarig Rijk te vestigen. Voor het eerst viel me ook haar valsheid op. Tijdens een bezoek van mijn ouders. Ze prees herhaaldelijk de biezonder fijne gâteaux van bij De Keersmaeker, waarvan ze altijd vier *favoriekes* opat, die mijn vader speciaal voor haar had meegebracht, en elke zin werd nadrukkelijk besloten met *ma* en *pa*, ja pa o nee ma. De soortnamen van de familiehiërarchie eren door ze te vernoemen, een onmiskenbaar teken van respect voor de bestaande orde, vaste brug naar de eeuwigheid.

Voor het eerst werd ik me ook werkelijk bewust dat ik kinderen had voortgebracht. In Kongo hadden de wezentjes die nauwelijks op mij leken, totaal buiten mijn wereld geleefd. Ik zag ze nauwelijks. Ik raakte ze amper aan. Ha, onzen hotelgast is daar, placht mijn echtgenote te zeggen. Ik had ze hoofdzakelijk gemaakt omdat hun moeder dat vanzelfsprekend vond zodat bij haar de overtuiging ontstond dat ze hierdoor een voorname plicht nakwam. En tegelijk belette deze gang van zaken haar, me op mijn tochten door het binnenland te vergezellen. Zwanger of met een zuigeling was zoiets onverantwoord. Ze bleef dus achter in het relatieve comfort van de administratieve post terwijl ik vijfentwintig dagen per maand zogenaamd in de weer was om een veelbelovende carrière op te bouwen. In één dag van soms twintig uren raffelde ik de maandelijkse boekhouding af en controleerde de overige vier dagen per motorfiets de wegenwerken zodat savonds de vork soms uit mijn hand viel van de schokken in het stuur. En één keer per maand, vlak voor *de regels*, via technische sex, de matrone even in haar status bevestigen.

Lieve Vrouwke van de Karmel,
Wij dragen uw schapulier,
Uw driehoek is een pantser,
Een veilig schild tegen giftige pijlen,
Bescherm ons allen in de vakantie.
(Kerkelijk goedgekeurd. Bonden van het H. Hart-
Mechelen.)

Tweede gebied waar ze haar aandacht op concentreerde: mijn godsdienstig leven dat dringend moest worden bevorderd. Orde op zaken stellen, noemde ze dat. Haar hele familie was notoir wat men noemt overtuigdkatholiek. Godverdommese djapneuze, zei mijn vader meesmuilend, het stinkt daar overal naar keersroet. Met een tante-non en een broer-jezuïet in de achterban kon ze bovendien op alle nodige steun van Hierboven rekenen. Tot meer dan de zondagsmis op de missiepost had ze me vroeger nooit kunnen dwingen. Ik deed het toen voor het gezellige ontbijt bij de paters daarna. *Zij* ging altijd ostentatief te communie en bad nadien langdurig met het hoofd in de handen. Toen ik haar na de eerste aanval op mijn ouders had aangeraden die achterklap te gaan biechten, had ze gezegd dat *ik* er beter aan zou doen eens een *algemene biecht* te spreken. Ik vroeg haar de bron van de laster bekend te maken. Mense-die-we-kenne, zei ze met een korte handbeweging en een klopje op haar dij. En d'ailleurs dat heeft geen enkel belang, suka wana. Met berichten uit de tweede hand houd ik geen rekening, antwoordde ik. Ze werd hoogrood. Wat ik daarop zei deed de bom barsten. Leopold II werd eens door een priester berispt omdat er geruchten gingen over maîtresses. Monsieur le curé, on a dit la même chose de vous, mais je ne l'ai pas cru, repliekeerde de koning gevat. Ze begon te roepen en te schelden, het speeksel droop van haar kin en ze snoot onophoudelijk haar neus, een woedeaanval veroorzaakte bij haar altijd een verhoogde secretie van lichaamsvocht. Ik wist van in Kongo hoe ik haar buiten zichzelf kon krijgen en keek haar star aan met verbaasde ogen. Na een minuut of wat zei ik dan, duidelijk articulerend: Please Shut Up. Toen haar woede bedaard was, waren er twee dogma's meer: mijn vader was een geldwolf en Leopold II een vuile smeerlap. Ik zei: Jawel, alleen *uw* familie deugt, dat weet zelfs mijn gat. Vulgairen typ, zei ze met een lage, trillende stem, ge denkt zeker da ge nog in de Kongo zijt, denkt-dan-maar-rap-wadanderséé! Met bloed in mijn keel zwoer ik bij mezelf: Heilige Koe, dat zet ik je ooit nog betaald.

Het hoogst importante gebied van de godsdienst werd dus met uiterste zorg behandeld. Terug in België was ze tijdens mijn afwezigheid begonnen langzamerhand in onbruik geraakte gewoontes in ere te herstellen. Bij voorbeeld het gebed voor en na het eten in plaats van alleen maar een kruisteken. In de administratieve post ging ik altijd na de whisky-soda aan tafel, riep luid Tchop! in de richting van de keuken en begon metterdaad te eten zoals in het binnenland. Wafel, er zit nen hond aan ons tafel, merkte ze kribbig op, wanneer ik soms spotte met het ene overhaastige kruisteken na het andere, als ze vergat dat ze er al een had gemaakt.

Het levensgrote probleem van de H. Mis bijwonen en de sacramenten ontvangen: alleen haar aangeboren afkeer voor lichaamsbeweging weerhield haar, elke dag de zes kilometer heen en weer naar Putte-dorp af te leggen, zelfs per fiets, voor de vroegmis zoals haar ongetrouwde zus, die in dat opzicht blijkbaar tot heel wat meer in staat was.

De logge aanwezigheid van haar ouders tijdens de weekends. Bij het ingetogen gebed star voor me uit zitten te kijken met rechtopstaande borstharen. Geen reactie hunnentwege, maar er werd zwaar aan getild, dat kon je met de ellebogen aanvoelen. Ge zou het tenminste voor onsma-en-onzepa kunne doen, stelde mijn echtgenote voor, *om bestwil* (haar broer-jezuïet napratend). Ik antwoordde dat ik aan weinig dingen een grotere hekel had dan aan huichelen. Gestaafd door de bijbeltekst: De huichelaar verderft zijn naaste. Bijbelvast was ze allerminst. De leer van Moeder de Kerk was haar liever. Haar conclusie: En ik die dacht da g'overtuigd-katholiek waart...

Haar zus had zich uit belastingsoverwegingen in Putte laten inschrijven en was daar ook lid van de Bond van het H. Hart. Op discreet geuit verlangen van haar moeder zou mijn echtgenote, eenmaal definitief gevestigd, hetzelfde doen in de parochie van verblijf. Over mijn quasi-evidente lidmaatschap werd voorlopig nog niet gerept. De speciale devotie tot Jezus' Allerheiligste Hart had mijn schoonmoeder de dag voor mijn huwelijk *miraculeus* gered van een geheimzinnige buikkwaal-met-verlammingsverschijnselen. Hetzelfde Hart had ook mij afdoende beschermd tijdens de gevaarlijke periode na de Kongolese onafhankelijkheid. Dus. In de ouderlijke verandakamer brandde dag en nacht een rood electrisch peertje voor het beeld van Teiligârt. Elke maand na de *Bondsmis* legde haar zus altijd ongevraagd het bidprentje met de intentie van het Apostolaat van het Gebed naast de reusachtige zak *pistolets* op de keukentafel. Deze heel speciale mis werd traditiegetrouw afgerond met een uitgebreid gezinsdéjeûner, bestaande uit broodjes met kaas, rookvlees, gekookte ham, allerlei worst, jam, liters slappe koffie en opgewekt gepraat in de ware feeststemming met onveranderlijk vrolijk-welwillend commentaar op de preek van die of die onderpastoor, die familiair bij de achternaam werd genoemd plus een bepaald lidwoord: den Declercq, de Van den Eynde. Het prentje bleef de hele maand naast het beeld van Onze Lieve Vrouw van Vlaenderen staan, die met haar middeleeuws schild het bungalowtje beschermde. Tot de maand daarop Zijne Heiligheid de Poos van Roome (gelach om de in den treure herhaalde woordspeling) een andere gebedsintentie aanbeval.

In het begin kon ze geen vat krijgen op mijn religieus leven. Ik slaagde erin om aan de zondagsplicht te ontsnappen door per fiets zogenaamd naar de elfuremis te rijden. Ik maakte dan op mijn gemak een tochtje door het reservaat en zorgde dat ik smiddags thuis was. Op een keer werd ik echter onverwacht, in de aanwezigheid van iedereen op het rooster gelegd aangaande het onderwerp van de preek. Ironisch zei ik: het geloof, de hoop en de liefde. IJzige stilte. Zijt g'er soms mee aan 't lache? vroeg mijn echtgenote. Toen ik replikeerde dat het uiteindelijk toch altijd aankomt op deze drie deugden, ordonneerde ze ex cathedra: In 't vervolg gaan we *same* naar d'achturemis, dan kunne w' ook tecemmunie gaan, onsma-en-onzepa gaan eerst naar de vroegmis en zullen op de kindere passe. Goedkeurend gebrom van de schoonouders. Het is inderdaad gepast dat man-en-vrouw samen naar de mis gaan. De weken daarop telkens gekanker omdat ik haar heel alleen te communie liet gaan. Zij: Ik loop daar *pamba* voor 't schand-van-de-mensen. Ik: Blijf dan zitte. Zij: Geen apprentie van, ga mee tecemmunie. Ik: Geen apprentie van. Zij: Smeerlap. Ik: Kwezel. Zij: Vulgairen typ, ha ge zult uw straf nie ontlope. En d'ailleurs, ge zijt die zondag *nie* naar d'elfuremis geweest! Ik: Hoe weet ge da? Zij: Ik kan 't maar wetenéé...

De eerste officiële familiebezoeken na de terugkeer uit Kongo werden aan de tante-non en de jezuïet gebracht. Met de auto van mijn ouders naar het Institut Saint-Pierre in Luik en het Sint Jozefscollege in Turnhout. Traditionele rondgang door de lege klaslokalen waarbij de moddervette tante-non (die me Josèphe noemde met enig speeksel op de lippen) alles trots en uitvoerig toonde, bezoek aan *Tallereiligste*, waar iederen even kniele, vieruurtje (goûter) met gesmeerde boterhammen en afkooksel van cichorei. Vervroegd afscheid vanwege de verplichting tot het Kapittel, waar de zusters zich plat ter aarde voor Moederoverste van de fouten-van-de-dag kwamen beschuldigen. Tijdens de terugreis onophoudelijk roddelen en spotten (z' is nog altijd dezelfde als veertig jaar geleje, z'is precies in haar negende maand haha). De week daarop de Jonge Ridder van Kristus, die de functie van surveillant bekleedde. Bleek, uitgemergeld, met gloeiende ogen, trillende handen, nerveuze schoklachjes en een doordringende zweetlucht om zich heen. Ook daar geleid bezoek aan de gebouwen, het Slot (verboden aan vrouwen), de kapel, even knielen, vieruurtje zonder de pater in een kale refter. Ad Maiorem Dei Gloriam. Later een onverwacht incident. Op het onverluchte kamertje presenteerde hij een uitgebreid assortiment sigaretten op een schaal. Op mijn verbaasde aanmerking antwoordde hij lachend dat het maar *aangeslagen* sigaretten waren van leerlingen, die hij op roken had betrapt. Ik weigerde opzettelijk een sigaret. Mijn echtgenote, hoewel ze geen vijf keer per jaar rookte, nam er een. Tijdens de terugreis kreeg ik ervan langs omdat ik me zogenaamd *als een onbeschofterik* had gedragen. Ge neemt dus de verdediging op van een afperser, zei ik. Zij: Hij màg da, er is rookverbod voor de leerlinge. Ik: Om bestwil misschien. Zij: Smeerlap, en d'ailleurs mijn broer *is* genen afperser! Enzoverder enzovoort.

Gij draagt de schaamrok van uw moeder,
die een afkeer had van haar man.
Ezechiël 16 : 45

Ook in die dagen begon haar houding tegenover sex opeens radikaal om te slaan. Ze vroeg er namelijk zélf om. Ik was vreselijk op mijn hoede. De bedoeling lag voor de hand. Me manipuleren voor een vierde kind. Hierdoor de familietraditie volgen. Haar moeder had er zes gehad, waarvan eentje gestorven. Haar oudste zus vijf waarvan eentje spastisch. Zou men armoe lijden om een mondje meer? Kinderen zijn immers de

39

kroon van het huwelijk. Bovendien: de *goesting* om opnieuw uit te wijken zou me hierdoor waarschijnlijk wel vergaan. Daarna het web verder spinnen via een huis-kopen en werk-zoeken, twee dingen die reeds terloops ter sprake waren gekomen zonder reactie mijnentwege. Iets waar ze niet het minste vermoeden van had: ik correspondeerde wekelijks met Julie, die naar Leopoldstad was verhuisd, rue de Vista 44. Om de week gingen we een dagje naar Antwerpen (alweer met de wagen van mijn ouders) en dan vond ik wel een middel om de brief te gaan ophalen in de poste restante Place Verte Anvers Belgique. Ze schreef in schools Lingala. Ontroerende brieven vol verlangen. Na het lezen van de eerste trok ik me vloekend af op het toilet van een café. In de tweede zat een plukje schaamhaar. Ik verstopte het in mijn portefeuille als een relikwie. Bij één van de volgende een reeks kiekjes. Mijn aanbiddelijk mooie, slanke, geile wijfje. Met shorts aan. Bikini. Een gebloemde saree. Wijd uitstaande jurkjes volgens de laatste mode. Ik schreef haar dat ik binnen het jaar naar Kongo terugkwam. Ze antwoordde dat ze naar België zou komen als ik voor een ticket zorgde, want in Kongo was het *pasi mingimingi* voor de vrouwen zoals zij die ooit een blanke man hadden gehad, de afgunst was alomtegenwoordig en in plaats van vier zweepslagen kregen de gevangenen er nu soms veertig. Door altijd maar aan Julie te lopen denken, was ik doorlopend hitsig als een hond. Tijdens de vruchtbare dagen masturbeerde ik als het te erg werd. Daarbuiten af en toe zaad lozen in de echtgenote, beter dat dan helemaal niets. Op een dag bracht ze tot mijn verbazing frivool zwart ondergoed mee uit Antwerpen plus een dure gaine. En ze begon op een verdachte manier, hoogrood, over bepaalde lichamelijke functies te praten: Ik riek m'n eige soms, maar het schijnt da dat échtvrouwelijk is; ge moet 's bij mij kome als ik mijn maandstonden heb; ziet 's naar het servetje da'k in mijn broek stop (om minder te hoeven wassen). In Kongo was het me ook al opgevallen dat ze inzake menstruatie geen enkel schaamtegevoel kende. Ze liet bij voorbeeld de reeks ouderwetse maandverbanden door de boy wassen. Ik zei haar beter wegwerpdingen te kopen, een neger vindt zoiets onvoorstelbaar vernederend. Hun vrouwen plukken absorberende mabonzebonze voor propjes. Ze ging koppig door. Eén keer probeerde ze me door middel van het nieuwe ondergoed te verleiden. Volop in de vruchtbare periode. Indertijd had ze eens schalks opgemerkt: Ge moet me maar *bezien* en ik ben al in verwachting. Ik weigerde. De dag daarop, terwijl ze met een lang gezicht rondliep vanwege de weigering, begon ik over anticonceptiva. Ze keek me vol verachting aan. Als ge dà wilt, dan heb 'k nog liever da g'op-een-ander gaat, zei ze vastberaden, en d'ailleurs da's dóódzonde. Tot staving citeerde ze een slogan van pater Arts S.J., met wiens boekjes ze nog altijd dweepte: Liever dood dan één doodzonde! Op een nacht, in een ultieme poging om er toch iets van terecht te brengen, probeerde ik leven in haar clitoris te krijgen zoals indertijd de Oostenrijkse keizer bij Maria-Theresia. Tot ik mijn hand niet meer voelde. Nadat ik het had opgegeven, zei ze op vertrouwelijke toon: Toen ik veertien jaar was, droomde ik eens van een Engelse piloot die neergestort was met zijn vliegmachine, hij kwam naar mij *en ineens kreeg 'k allemaal schokken in mijnen buik.* Eén of twee kere per jaar heb ik da nog wel 's in mijne slaap, ik ga het dan biechte maar de pater zegt da 't nie erg is. Is het soms dà wa da ge wilt zegge?

41

De tweede keer dat hondse gevoel: duidelijk moeten beseffen dat de partner met wie je voortaan je bed moet delen, sexueel ongeneeslijk ziek is. De eerste keer was heel in het begin toen we pas in Kongo waren. Tijdens moeizaam gepraat en pogingen om haar in te wijden in het orgasme. Tot ze op het laatst zei: Het geeft nie pappie, doe gij maar.

Het was op een stralenden voorjaarsdag dat Ewyn Ter Rivieren de Lente ervoer.
Jos Van Laer S.J.

Derde actiegebied: het ridiculiseren van mijn literaire en muzikale smaak. Wekenlang negeerde ze het feit dat ik uren per dag zat te schrijven. Tenslotte had ik recht op zes maanden vakantie. Dat te betwisten had geen zin, zo voorzichtig was ze wel. De eerste steek liet ze vallen tijdens de euforie van een familiedéjeûner: Weet ge 't al? Mijne man is de laatsten tijd *literature-luurder* geworde (de triviale naam door het ultra-rechtse weekblad 't Pallieterke aan schrijvers in het algemeen gegeven). Luid gelach. Spottende vragen. Besloten met een andere woordspeling uit hetzelfde weekblad: Bach? Bach?! Bah Bach! Omdat ik tijdens het schrijven meestal platen met zijn muziek speelde. Ik moest me uit alle macht beheersen om mijn idee over hùn smaak bekend te maken. Sœur Sourire met haar tophit Dominique-nique-nique, de Baluba-mis, de songs van Piaf en een jezuïet-troubadour Aimé Duval, van wie vooral Qu'est ce que j'ai dans ma petite tête de voorkeur had. Op krakende 45-toerenplaatjes die onophoudelijk werden afgedraaid tot ik soms het huis uitliep. Ook samen liedjes zingen: Dans une cage / remplie de feuillage / j'ai rencontré au milieu des bois (vergezeld van een rondedans met de kinderen) en Cu-pi-do de klei-ne lie-ve guit (tijdens het badje van de kleinste). De avond na de bewuste uitlating, nadat we iedereen naar het station hadden begeleid en we terug in de tuin waren, begon ik opeens een trage, Spaanse solodans uit te voeren en zong: Dans une cage / remplie de feuillage / j'ai rencontré au milieu des bois / les couilles du pape / n'sont pas ici / les couilles du pape / n'sont pas ici... In plaats van de normale woedeaanval, greep ze mijn arm en siste: Trek die woorden terug en bied uw excuses aan! Ik sloeg de hand van mijn arm weg en zei (haar nabootsend): Jeux de mains, jeux de vilains. Alleen op voorwaarde dat gij die klotige term literatuureluurder terugtrekt... Zij: Ik dénk er nog nie aan, ge moest in de grond zinke, *de paus* belachelijk make! Ik: *Gij* hebt *mij* in 't publiek belachelijk gemaakt. Zij: Da zal u lere. En d'ailleurs zoekt werk in plaats van uwen tijd te verdoen met da schrijve. Onsma heeft het al wel honderd kere gezeid. Ik: Da z'haar eige asteblieft met haar casserolle bemoeit en zeg haar met mijn complimente da'k binne zes maande terug naar Kongo vertrek. Zij: Ga dan maar alleen! Ik: Met alle plezier. Zij: Natuurlijk, dan kan meneer weer de grote Jan uithange met zwart' hoeren-in-short, denkt ge da 'k het nie weet, denkt dan maar rap wadanderséé...

Ze had dus in mijn portefeuille gesnuffeld. Of mijn manuscript stiekem gelezen. Ik vond het beneden alles, maar het verbaasde me niet. Tijdens de enkele weken in België was ik meer van haar karakter te weten gekomen dan tijdens de zes jaren in Kongo. Ik deed echter niets om het uit te praten. Ik sloot me steeds meer in mezelf op. Meer dan ooit was ik ervan overtuigd dat tussen ons alles gezegd was. Ik besefte ook dat ik eigenlijk nooit van haar gehouden had, laat staan verliefd geweest. Een idioot verlangen naar geborgenheid had me naar het huwelijk gedreven. Misschien eindelijk rust na al dat zogenaamde gehoereer. Goed verzorgd worden. Met een onopvallende, degelijke, *volwassen* vrouw trouwen om samen een suksesrijke carrière op te bouwen. Zoals de directeur van de Koloniale Hogeschool ons trouwens altijd had aangeraden. Les oiseaux rares noemde hij dergelijke uitzonderlijke vrouwen. Vrijgezellen bleven meestal in de lagere graden hangen. De top was gereserveerd voor ambtenaren-met-een-gezin. De genaamde code moral was zeer belangrijk in het puriteinse Kongo. En waarschijnlijk streelt het altijd de typisch mannelijke ijdelheid een ongerepte bruid naar het altaar te voeren. Het Islamtrekje van het kristendom.

In afwachting dat ik terug naar het land zou vertrekken, waar ik ziek van was, wou ik niets anders doen dan lezen, schrijven, naar muziek luisteren, nadenken, in de eenzaamheid van het reservaat dwalen, waar ik soms buffels meende te zien, als een waanzinnige hardop de naam Julie noemen met een heimwee dat groeide naarmate het kouder werd. Soms, tijdens regendagen, uren zwijgend naast het kacheltje zitten, dat ik gloeiend stookte, de kinderen afsnauwen als ze volgens mij te lastig waren, haar minachtende blik negeren, want volgens de familietraditie hadden kinderen in alles de voorrang. Tot mijn verwondering begon ze te lezen, iets wat ze in Kongo behalve boeken over kinderverzorging nooit had gedaan. Venijnig speelden we lectuur naar elkaar door, ik boeken van Boon en Claus die ik koortsachtig had gelezen en die ze snuivend doorbladerde-en-teruggaf. Zij romans van de heimatschrijver Jean Duparc en de biografie van een gestigmatiseerde Duitse vrouw Therese Neumann, die jaren zonder eten kon blijven en elke Goede Vrijdag begon te bloeden. De Bode van Konnersreuth heette het werk. Verbijsterd vroeg ik me af hoe ze dergelijke dingen op haar leeftijd nog kon lezen. Tijdens een mild moment reciteerde ze eens het beroemde gedicht 'If' van Rudyard Kipling helemaal uit het hoofd met tot besluit het vers You will be a *man*, my son! Ondanks alles was ik onder de indruk. Ze zei: Als *onze* zoon ooit zo zal worde, dan zal ik tenminste nie voorniet geleefd hebbe. Tegelijk tikte ze op een boek dat ze aan het lezen was, getiteld Tboec van den cnape Ewyn, van de jezuïet Jos Van Laer. Plechtig las ze de eerste zin ervan voor. Ze keek me aan en met een dikke keel zei ze: Héwel pappie, dat is de schoonste zin dien 'k ooit van mijn leve gelezen heb...

Wanneer gij een nieuw huis bouwt, dan zult gij
aan uw dak een borstwering maken, opdat gij
geen bloedschande over uw huis brengt,
als er iemand af valt.
Deuteronomium 22 : 8

Op een dag in oktober zei ze onverwacht: Wat ik wou zegge, ik denk dat ik op de Jan De Voslei een geschikt appartement heb gevonde, want ik krijg zo stilaan den indruk da ge van plan zijt om ons hier te doen overwintere, het is goe gelegen en... En niet te ver van onsma, vulde ik aan. Hewel ja, het moete toch nie altijd huize-van-bij-ullie zijnéé. En daarbij zou 'k de koffers-van-Kongo wel 's willen uitpakke voordat alles *opgerot* is. Doe maar, zei ik, goed wetend dat ik een taktische blunder beging door deze zaak aan haar over te laten. Het unieke familie-oog werd pijlsnel op mij gericht.

Het is precies of da 't u nie kan schele, zei ze wantrouwig. Doe maar, herhaalde ik, de Jan De Voslei is ideaal, en om te schrijven heb ik vooral rust nodig. Ze ging niet in op de dodelijke ironie.

Huize-van-bij-ullie was een zinspeling op het zware incident tijdens de zesmaandelijkse vakantie in 1957, toen ze mijn ouders uit hun eigen buitenverblijf had gemaneuvreerd omdat haar broer en zuster kwamen logeren, feit dat mijn moeder aan de rand van een zenuwinzinking had gebracht en mijn vader voorgoed de ogen geopend. Die dag had ik op het punt gestaan om hals over kop in de Ford te springen, kampeermateriaal te kopen en de zomer in Noorwegen te gaan doorbrengen. Ik had het uitsluitend voor mijn moeder gelaten.

Het manuscript van 'Vurig Water' was intussen lijvig genoeg om te veronderstellen dat het wel eens een roman kon worden, maar nog altijd geen reactie harentwege. De handige zet van de verhuizing onthulde haar taktiek. De situatie eindelijk zogenaamd stabiliseren en tegelijk geruime tijd voor de nodige afleiding zorgen, want alles moest *tiptop* zijn, we hadden lang genoeg in *koten* gewoond. Ik liet haar begaan. Ik kon nog altijd de veerkracht niet opbrengen om me tegen dergelijke maneuvers te verzetten. Het was geen gewone onverschilligheid, eerder een allesomvattende apathie tegenover een reeks vervelende details die met de kern van de zaak niets te maken hadden.

Het gebouw met de flat in kwestie lag op een drukke verkeersader, en dateerde uit de zorgeloze dertigerjaren. In die tijd moet het waarschijnlijk het neusje van de zalm geweest zijn, zoals trouwens de hele fleurige woonwijk die na de Wereldtentoonstelling van 1930 op de verkavelde gronden was neergezet. Automatisch werden we ook lid van de exclusieve Kristus-Koningparochie, nóg een voordeel. De niet al te ruime, evenmin enge flat was voorzien van ingewikkelde hand made parketvloeren en centrale verwarming met kooltjes, de keuken en de badkamer hadden een opvallend gebrek aan licht en de slaapkamers gaven uit op een rij ommuurde achtertuintjes.

De eerste dag van het *inordebrengen* zette ik de deuren en ramen wijd open vanwege een vreemdsoortige ademnood (of beter de indruk van plaatsgebrek) maar toen stroomde met de ijskoude lucht het geraas van het voorbijrijdende verkeer in golven naar binnen. Vlakbij was ook nog een bushalte en na een uur sloot ik nerveus de ramen. Opeens had ik niet de minste zin meer om voort te doen. Ik zei het haar. IJsberend vroeg ze of ik nu hélemaalzot was geworden, het huurcontract was ondertekend, de *acompte* was gestort. Waar wilt ge dan misschien wél gaan wone? vroeg ze strijdlustig. Op den buite, antwoordde ik, hier is gebrek aan licht en lucht en ik word horendul van da lawijd. Ze begon te lachen. *Ik* heb zes jaar tege mijn goesting *op den buite* gewoond in Kongo, ik wil nu eindelijk ook 's van mij leve profitere. Goed, dan maar hier blijve, besloot ik, opnieuw overstroomd door de bekende weemoed, een ellendig gevoel waar ik na weken doorlopend slecht weer steeds vaker mee had af te rekenen. Bovendien had Julie al in een maand niet meer geschreven. In elke brief had ze om grote sommen geld gevraagd. Na twee postmandaten vond ik het welletjes en aan haar liefde was hiermee ook een eind gekomen. Vlak na mijn terugkeer had het verlangen naar haar me ondanks het grote gemis genoeg kracht gegeven om alles te verdragen. Nu ik niemand meer had, ging ik aan de luminal als nooit tevoren en was intussen onmatig begonnen te drinken. Het gevolg was een abnormale labiliteit en een verhoogde gevoeligheid voor alcohol. De tweede dag op de Jan De Voslei, terwijl ik met grote tegenzin de keuken aan het verven was, werd het me opeens te bar. Ik liep de deur uit, kocht in de winkel aan de overkant een fles whisky en zette hem aan mijn mond bij gebrek aan een glas. Mijn echtgenote was met de kinderen naar haar moeder, een kwartiertje lopen daarvandaan. Toen ze terugkwam, zat de keukenvloer onder de verfspatten en ikzelf bevond me in de tweede fase, afgestompt en agressief tegelijk. Zonder een woord goot ze het overschot van de whisky in de afloop en zei tegen de kinderen: Kom, *wij* gaan terug naar de bomma. Daarop deed ik iets onverklaarbaars. Geknield de spatten van de vloer krabben en daarna zo zorgvuldig mogelijk plafond en muren verven, zachtjes fluitend, tegen mezelf mompelend, in het Lingala met Julie pratend. Ik noemde mezelf *mondele Mambomo* (mijn Kongolese bijnaam) en beloofde plechtig de vloer schoon te likken als er nog één druppel verf gemorst werd, tot straf omdat ik zo klotig was geweest niet in Kongo te blijven.

De installatie. Mijn ouders hadden hun huwelijks- slaap- en eetkamer opgeborgen nadat ze enige tijd tevoren nieuw meubilair hadden gekocht. Massieve stukken in besneden eikehout met ornamenten in gepolijste ahornwortel, zelfs in de twintigerjaren buitensporig duur. Maar vooral aartslelijk, vond mijn echtgenote, die dolgraag naar nieuwe meubelen had uitgekeken, waarom hadden we anders geld gespaard? Dat kon ik uit haar hoofd praten door listig de aankoop van een huis in het vooruitzicht te stellen, haar droom. En na de meubelen werd de anderhalve ton spullen uit Kongo in de flat gestouwd. Op haar beurt voerde ze oppositie tegen mijn jachttrofeeën, dat was belachelijk in een Belgisch interieur, vond ze. Alles in bulk naar de villa van mijn ouders, waar ik nog een kamer had. Evenmin speren aan de wand. Speren de kelder in. In plaats daarvan al de ivoren en ebbenhouten voorwerpen. Het in opdracht vervaardigde kruisbeeld, de Lievevrouw, de krokodillen, roeiers, olifantstandjes, krijgers, trommelaars. En het ingelijste gedicht 'If', de kandelaar voor de adventkaarsen, het Wiskemannzilverwerk te pronk in de glazen kast, de huwelijkscadeaus oordeelkundig verspreid op nappekes en onderleggerkes.

De eerste zondag nadat alles op zijn plaats stond Grote Bijeenkomst van de beide families om de blijde gebeurtenis te vieren. Eindelijk écht terugthuis. Identieke uitgave van het verlovingssouper met machtige koude schotels en rosé d'Anjou, ontluisterd door het gemors en gegorgel van het spastische Gertje, besloten met een spijtige woordenwisseling tussen de grootmoeders. Enerzijds ongevraagd commentaar op mijn précaire toekomst. Vinnige repliek van mijn moeder. Mijn schoonouders-met-aanhang ontruimden in grote waardigheid het terrein, mijn ouders bleven nog wat, gegeneerd, terwijl hun schoondochter rukkend de tafel afruimde en in de keuken ging afwassen. Tenslotte verstild afscheid van mijn ouders die hun trouwmeubelen voorgoed achterlieten. Na hun vertrek een woedende tirade, die ik dankzij de whisky zwijgend incasseerde.

Medio november was mijn roman 'Vurig Water' af. Ik tikte hem in vier exemplaren uit en stuurde het typoscript van 249 pagina's met enkele interlinie naar de uitgeverijen Manteau en Ontwikkeling. Na een week was er al antwoord. Manteau had helaas geen plaats in zijn fonds vanwege *overbelasting* en Ontwikkeling was niet geïnteresseerd *in de huidige versie*. Ge ziet het nu weléé, meneer-de-schrijver, zei mijn echtgenote triomfantelijk, en d'ailleurs wordt het nu eindelijk 's hogen tijd da ge *werk* ga zoeke. Voor het eerst in België raakte ik buiten mezelf. Ik gebruikte haar eigen woorden. Over de Kredietbank, waar de halve sibbe werkte: een goed loon, een goed pensioen, dubbel kindergeld, een dertiende maand, goedkope leningen voor een eigen huis een eigen kruis, en niet te vergeten *tantièmes* als ge ooit een filiaal krijgt, *mijn kloten* de Kredietbank! schreeuwde ik. Ze reageerde juist: met een spotlach. En de familiespreuk: Il n'y a que la vérité qui blesse.

De dagindeling. Ontbijt. Witte boterhammen met jam en koffie. Middagmaal. Soep, aardappeltjes met groenten, vlees, spawater, dessert. Avondmaal. Stamppot van overschotjes gevolgd door witte boterhammen met kaas, rookvlees, ham, worst, jam. Samen de afwas doen. Ik de parketvloer boenen, stofzuigen, de verwarmingsketel stoken. Boodschappen doen zoals in Putte, met huisvrouwen in de rij staan die je na enkele tijd licht verwonderd aankijken. Dit hoofdzakelijk om uit de beslotenheid van de flat te ontsnappen, waar alles ongeveer in één ruimte gebeurde met de drukte en de rommel van een stel overspannen kinderen, die de vrijheid van Kongo gewoon waren. Halve wilden, zei mijn schoonmoeder mild hoofdschuddend. Mijn echtgenote hitste hen nog op door af en toe te dansen en te springen, ik ging tegen het plafond bij de minste storing omdat ik meestal zat te schrijven of te lezen, bij het raam waaronder het verkeer onophoudelijk voorbijraasde. Daarboven de eeuwige grijze lucht, begrensd door de eeuwige rij huizen aan de overkant.

December, maand der familiefeestjes. Saint Ni-co-las patron des é-co-liers! zong de echtgenote glunderend met de vergaderde neefjes en nichtjes tijdens het kinderpartijtje op onze flat. Het oudste dochtertje moest overgeven van teveel marsepein en chocolade. Altijd haantje-vooruit. De moeder vloog me bijna aan toen ik haar lieveling tot straf naar haar kamer stuurde, waar ze lag te gillen alsof ze vermoord werd.

Elke avond aansteken der adventkaarsen plus kort gebed op de knieën (de jongste op haar potje) met de gefluisterde boodschap dat het Kindje Jezus na nog zoveel kere dodo In Ons Midden zou komen, ceremonie die ik bevend vanuit mijn fauteuil bij het raam zat gade te slaan.

Medio december Koninklijk Huwelijk van Boudewijn I der Belgen met doña Fabiola de Mora y Aragon. Zoals haar ouders was mijn echtgenote een vurige royaliste, ze kende onder meer de hele stamboom van de Saxen-Coburgs uit het hoofd alsmede die der voornaamste Europese vorstenhuizen. Alles was goed als het maar blauw bloed had. Ze ging bij haar thuis de plechtigheid op de televisie volgen. Ik zou smiddags komen eten. Enkele povere uren privacy op de flat, waar ik maar half van genoot in het vooruitzicht dat het slechts kort zou duren. Voordat ik vertrok enkele whiskies om het te kunnen harden. In een zogenaamd vrolijke bui zei ik bij de soep: Allez, de Spaanse madam heeft hare vis aan den haak geslage, en nu maar duime voor rap een prinske of een prinseske... Vijf paar ogen op mij gericht, opeengeklemde lippen, gezwollen onderkinnen. Daarna op straat, waar ik gewoontegetrouw de *poussette* voortduwde, beet ze me toe: Manneke, dàt hebt ge nie voorniks gedaan, knoop het maar goed in uw oorkes!

Enkele dagen voor het kerstfeest had ze me zover gekregen dat ik mee ging naar de Dominikanerkerk in de
Provinciestraat om te biechten. In de biechtstoel vroeg
ik enkel de zegen. Wablief! vroeg de pater. Uw zegen,
pater, herhaalde ik. Hij gaf hem. Op straat greep ze
mijn arm zoals vroeger vóór ons huwelijk, toen we
daar ook altijd te biechten gingen. O pappie, ik voel
me *zo échtgoe*, zei ze met een stralend gezicht en vochtige ogen, de pater zei dat alles wel inorde zal kome als
we maar vertrouwe blijven hebbe en elkenavond drij
weesgegroetjes bidde gelijk vroeger. Wat hebt g'hem
dan allemaal gezeid? vroeg ik. Onze moeilijkheden en
zo, en hij heeft ook gezeid da w' altijd *same* bij hem
moge kome, och, binnenkort is't Kerstmis en dan vege
we de spons over 't verlede, o ik ben zoblij da we weer
's *échtkerstmis* zulle kunne viere...
Op 25 december 1960, omstreeks halfeen in de
ochtend, tijdens de middernachtmis in de Kristus-
Koningkerk onderging ik verlamd van de luminal de
ergste vernedering sinds jaren: mezelf een lafaard voelen omdat ik een incident wou vermijden. Met de hele
sibbe ter H. Tafel naderen, de meelsmaak van de hos-
tie in mijn mond, walgend doorslikken, totaal uit mijn
voegen terug naar de kerkstoel, de onwezenlijke tocht
door de uitgestorven straten naar het propere huisje,
waar de gewone kerstliederen in gemengd koor werden
gezongen bij het verlichte kribbeke tot de taarten-met-
koffie op de tafel zouden verschijnen.
De dag daarop idem zonder liederen en kribbeke bij
mijn ouders, waar cadeaukes aan de kerstboom hingen
en een reusachtige kalkoen op de tafel prijkte.
Een week daarop het oudejaarsfeest bij haar thuis,
waar ik na het konijn met appelmoes aan de cognac
ging tot ik in een fauteuil in slaap viel en zo luid

snurkte dat ze me wakker moesten schudden. Wankelend en verbaasd mompelde ik te middernacht mijn allerbeste wensen. Terwijl de schepen op de Schelde toeterden, zei ik sussend tegen mijn echtgenote dat ze niet zo moest huilen.

7 juni 1977
In plaats van te erven vulden haar handen
zich met boos gewormte.
Deuteronomium 28 : 42

Zoëven belde Mr. D. van het advokatenkantoor B. me op. Het vonnis van mijn echtscheiding was geveld. We zullen het de tegenpartij vandaag nog door deurwaarder laten betekenen, voegde hij er droog aan toe. Ik zag hem grinniken. Terecht.
Hiermee is dus een punt geplaatst achter de zenuwslopende periode die op 10 december 1972 een aanvang nam. Met een onverwachte eis tot alimentatie ten belope van 42.000 (zegge tweeënveertigduizend) frank per maand, door de vrederechter in juli 1973 tot 15.000 frank teruggebracht. Ik tekende beroep aan vanwege het ultrakorte, slordig gemotiveerde vonnis. Dat in beroep werd bevestigd.
In februari 1975 diende ik na bijna twaalf jaar gedwongen geduld een eis tot echtscheiding in dankzij de voor België buitengewoon progressieve wet Vermeylen-Calewaert, die een eenzijdige eis wettigt na tien jaar afwezigheid onder het echtelijk dak. Het ingebouwde afschrikmiddel (dat de schuld van de eiser door het feit zelve van de eis vast staat) moest ik er wel bijnemen. Een typisch trekje van het verziekte land waar ik nog altijd staatsburger van ben : het bedenken van maatregelen met geen ander doel dan om de overtreding ervan te bestraffen.

In kortgeding werd de alimentatie vanaf maart 1975 onverklaarbaar tot 25.000 frank opgevoerd. Wat me na meer dan twee jaar aan de rand van het bankroet zou hebben gebracht, hadden mijn ouders me niet geholpen. Naar wie hun schoondochter begin 1973 zonder aarzelen een deurwaarder had gestuurd om de eis van 42.000 frank te doen uitvoeren. De man dreigde meteen beslag op hun inboedel te leggen als ze niet onmiddellijk facturen voorlegden. Ze betaalden. Iets anders: mijn kinderen speelden intussen brieven uit het buitenland van mij door aan hun moeder om haar eisen bij de rechtbank kracht bij te zetten. Bovendien: ruzie met Mr. W.B., mijn eerste advokaat die de echtscheidingszaak ondanks een substantieel voorschot liet aanslepen. Klacht tegen hem bij de stafhouder van de Antwerpse balie. Klacht afgewezen bij gebrek aan kwitanties. Veranderen van advokaat met tot gevolg normale vertraging van de procedure. Hoger beroep tegen de uitspraak in kortgeding. Incidenteel beroep van de tegenpartij.

En tenslotte, na bijna twee jaar, op 25 mei 1977, arrest van het Antwerpse Hof van Beroep na een lange reeks vertragingsmaneuvers van de tegenpartij. De alimentatie retroactief teruggebracht tot 18.000 frank. Gezien de inflatie vrij billijk maar ook in de hand gewerkt door enkele blunders van de tegenpartij. Stemmingmakerij van mijn echtgenote die ter zitting benepen verklaarde dat ze gedurende jaren haar oude moeder had moeten verzorgen en dat ze zelf te zwak was om te werken. Mr. R., haar advokaat die onder meer beweerde dat ik pornografie onder een schuilnaam had gepubliceerd, uitgerekend bij de katholieke uitgeverij Snoeck & Ducaju, zonder het desbetreffende boek voor te leggen, *iets wat Mr. B. onthutst in de handen had doen*

*wrijven. Het arrest zinspeelde dan ook onbedekt op
haar evidente luiheid en de onnauwkeurigheid van
haar argumenten.*

*Op 25 mei werden de teerlingen dus geworpen en mijn
ex-echtgenote moest zich vroeger dan verwacht gewonnen geven, iets dat ze me ondanks haar diepgeworteld
geloof nooit zal vergeven. Mr. B. voorspelde me in dit
verband een sombere toekomst. Vrouwen van haar
slag vullen vaak hun hele verdere leven door om de
haverklap wettelijke herziening van de alimentatie aan
te vragen.*

*Vreemd, voor het eerst in mijn leven heb ik bewust de
lente ervaren, de bloemen, het gras, de hagen, de struiken, de bomen van onze tuin aandachtig in hun groei
gevolgd. Eleonore en ik hebben ons nog nooit zo goed
gevoeld. We zijn op een adembenemende manier verliefd op elkaar, zodat ik soms bang ben van ons geluk.
Wat zou ik graag oud worden met jou, zei ze gisteren.*

Nooit of nooit *zal ik scheiden omdat mijn geloof me
dat verbiedt, verklaarde mijn toenmalige echtgenote in
1967 aan mijn vader, nadat ik haar reeds vier jaar had
verlaten. Sec antwoordde hij: Meiske, Düren is een
schoon stad, maar Blijvedüre is wat anders, neem het
van mij aan. Na haar eis van 42.000 frank noemde hij
haar de hyena.*

*Een week nadat ik haar had verlaten, smeekte ze om
terug te komen, nadat ze ons achtjarige dochtertje in
naam van het hele gezin een hysterische scène had doen
opvoeren. Ik geef u uw vrijheid terug, beloofde ze
snikkend, ge moogt àl doen wat da ge wilt als ge maar
terugkomt, ik zal als 't moet modieuze klere kope, ik
zal een vermageringskuur volge, ik zal naar een instituut
de beauté gaan om mijn wenkbrauwe te laten epilere,*
ik zal contact opneme met de Kardinaal om hem te vra-

gen of ik de pil mag neme... *Ik was zo overstuur van de hele situatie dat ik bijna toegaf. Dat van de kardinaal deed echter de deur dicht.*

Eleonore kan vooral het gebrek aan elementaire trots van mijn ex-echtgenote niet begrijpen. *Geld eisen plus tot elke prijs de naam willen blijven dragen van een vent die haar al die jaren publiekelijk door de modder heeft gehaald. Tegelijk de kinderen niet verbieden te koketteren met de bekendheid van hun vader terwijl ze zich met vereende krachten inspannen om hem financieel de keel af te snijden. Als ik haar antwoord dat ik met stellige zekerheid weet dat mijn ex-echtgenote tot op het laatste moment bereid zou zijn gebleven om me opnieuw in de schoot van het gezin op te nemen,* citeert Eleonore de rake bemerking die Mr. V., de andere medewerker van het advokatenkantoor, maakte tijdens het heuglijke overwinningsfeest: *Jongen, toen ik* dat monument *op de zitting zag verschijnen, wist ik dat de rechter geen moment meer zou twijfelen aan de duurzame ontwrichting van je huwelijk. En als je beweert dat ze je altijd trouw is gebleven, dan* geloof *ik je verdomme!*

Zonder dat ik me er toen van bewust was, had mijn verloofde op 16 april 1954 een handige zet gedaan door me een huwelijkscontract van gemeenschap van goederen als het enige faire op te solferen. Ondanks de waarschuwing van mijn vader stemde ik toe, hoofdzakelijk uit dwarsdrijverij. Langstlève-langstgebruik *plagieerde ze het notariële jargon van de akte. En zelfgenoegzaam: Onsma-en-onzepa hebben ook zo'n contract.* Dat ze in tweede instantie had gehandeld in het vooruitzicht van het vermogen dat ik eenmaal zou erven, kwam toen niet bij mij op. Wel bij mijn vader, vrees ik, die als zakenman voor scheiding van goederen *opteerde. En die misschien toen reeds verder dacht dan ik, want in het België van toen was een eis tot echtscheiding zonder onderlinge toestemming een waanzinnige onderneming zonder bewezen overspel, en dat zou wel zo blijven. De opvattingen terzake van mijn echtgenote getuigden trouwens van een indrukwekkende eenvoud en rechtschapenheid. Primo: een huwelijk kan slechts ontbonden worden door de dood van één der echtgenoten. Secundo: in uiterste gevallen kan scheiding van tafel en bed toegestaan worden, maar dat heeft geen enkel tastbaar gevolg, want hertrouwen is onmogelijk. Tertio: een burgerlijke echtscheiding is ongeldig en verboden voor een katholiek. Suka wana. Toen ik haar en de kinderen op 8 juli 1963 verliet, was divorce à l'Italienne mijn enige alternatief. Het zou technisch zelfs niet moeilijk geweest zijn, want ze woonde op de elfde etage van een flatgebouw. Alleen de fysieke moed om zoiets te volvoeren ontbrak me. Niet dat ik per se van plan was te hertrouwen. Vooral de hypocriete situatie zat me dwars. Overspel van harentwege was, gezien haar onkreukbaarheid, uitgesloten. Op dat gebied was ik zo vleugellam als het maar enigszins kon. Plus door alles heen het onverwikkelijke vooruitzicht dat ze sowieso recht had op een flink gedeelte van het familievermogen. Ik doe een schenking onder levenden, bezwoer mijn vader me, die kraai krijgt gene rotte knop na mijn dood! In december 1972 moet ze opeens ingezien hebben dat er van weerkeren mijnerzijds geen sprake meer kon zijn en vlug koos ze eieren voor haar geld. Temeer omdat de wet Vermeylen-Calewaert in de lucht hing en dat betekende meteen het einde van het Ancien Régime. In het nauw gedreven de laatste bruggen opblazen moet voor haar, gezien haar karakter, iets afschuwelijks geweest zijn. Katholicisme beperkt zich grotendeels tot doen alsof en nu werd ze gedwongen haar eigen masker af te rukken. Vaak had ik me afgevraagd waarom ze met de 200.000 frank die ik haar in 1963 had gegeven, niet een nieuw leven had kunnen beginnen, eventueel met een andere man, zo lelijk was ze toen nog niet en op elk potje past wel een dekseltje. Neen, tot het bittere einde bleef ze in het meest rigoereuze masochisme dat ik bij mijn weten heb ontmoet, de paden der deugdzaamheid bewandelen, zich zogenaamd opofferend voor haar kinderen, geruggesteund door de hele weldenkende achterban, trouwring aan de vinger, de naam-van-haar-man op de identiteitskaart, in de telefoongids en naast de belknop. Hoe ze al die jaren de schande van zijn notoir slechte gedrag heeft kunnen blijven verdragen (hij woonde met* één van die meiskes *in een* kaveete *van het Antwerpse hoerenkwartier en alsof dat nog niet genoeg was, leidde hij een losbandig leven met een hele reeks* getrouwde vrouwen*) is me nog altijd een raadsel. Of misschien niet. In 1972, nadat ik Eleonore had leren kennen, verliet ik voorgoed de rosse buurt. Dat ik opeens van één vrouw was gaan houden, vond ze blijkbaar veel gevaarlijker en een onvergeeflijke schending van* haar *eeuwigdurende prerogatief.*

En de Zwarte Vogel die langzaam kringen boven haar begint te trekken. De menopauze. De ongeneeslijk hoge bloeddruk. Hartkloppingen. Gezwollen voeten. Het operatief verwijderen van de vrouwelijke organen. De eerste dochter die ongetrouwd het nest verlaat. En het opdoemende perspectief: zich zwaar naar het einde moeten voortslepen met haar meisjesnaam, die ze met onbeschrijflijke tegenzin zal uitspreken telkens als op de eenzame flat de telefoon zal rinkelen.

58

3 december 1951
Lieve Vrouwke van de schapulier
Help onze verloofden, met uw genade,
zuiver voor het altaar te verschijnen.
(Kerkelijk goedgekeurd. Bonden van het H. Hart -
Mechelen.)

Vanachter de granieten pijler van het Centraal Station zag ik haar staan wachten bij de ingang van de Dierentuin naast café Paon Royal. Ze had een mantel met een gordel aan en droeg een ronde muts, echter geen alpino, eer iets onbestemds. Ook sokjes in wandelschoenen. Het was vijf over acht en ik zag haar ongerust op haar polshorloge kijken. Op het punt me stiekem uit de voeten te maken, voorgoed de hele zaak te vergeten, werd ik opeens bevangen door een groot medelijden en stapte overdreven resoluut in haar richting. Ze was zichtbaar opgelucht maar nerveus. We gaven elkaar een hand, zij met een rukje vanuit de pols. Ik dacht da ge nie meer ging kome, zei ze onzeker. Pardon, antwoordde ik. C'était moi, replikeerde ze guitig, een allusie op het voorvalletje tijdens het bal in zaal Oude Spiegel in Hoboken, waar ik haar een week tevoren had ontmoet en ze tijdens de eerste dans op mijn voeten had getrapt. Ik had toen geamuseerd het corset gevoeld, dat aan haar gestalte iets statigs had verleend, wat me ongewoon rustig maakte zodat ik de hele avond onverklaarbaar met haar had zitten praten zonder zoals gewoonlijk met de ene lekkere griet na de andere te dansen, eropuit een fikse vrijage uit te lokken. Tot ze om halftwaalf opstond en ik haar slechts halverwege naar huis begeleidde. Ik had het gevoel dat iets haar belette te zeggen waar ze woonde. Toen we uiterst vormelijk afscheid namen, hijgde ze alsof ze buiten adem was.

We liepen nu in de richting van de De Keyserlei. Ik stelde voor in een café iets te gaan gebruiken, maar ze wou liever *wandelen,* hoewel het koud en vochtig was. Ter hoogte van cinema Rex zei ze opeens, langzamer lopend, haar blik in de mijne, met gerimpeld voorhoofd: Jo, ik moet u eerst iet vrage, iet heelserieus... zijt gij wel overtuigdkatholiek, want zonie ben 'k vanplan van iedere verdere kennismaking af te zien, ik verwittig u liever optijd, dat is nie meer dan mijnplicht, vind ik.. Ik schrok, maar antwoordde zogenaamd luchtig, dat ik mijn studies op een jezuïetencollege had gedaan, de beste waarborg op dat gebied. Het antwoord bevredigde haar blijkbaar maar half want ze bleef gespannen. Op een halve meter van elkaar liepen we de Meir op, niet wetend wat te zeggen. Toen ik haar opnieuw vroeg of ze niet iets wilde gebruiken, gaf ze een antwoord dat me met verbijstering sloeg. Voorda g'aan mijn ouders voorgesteld zijt, vind ik *dat het nie past* met u in een openbaar etablissement te verschijne, zei ze in een vreemd mengsel van beschaafd Antwerps met een Frans aksent, zonder haperen alsof het een uit het hoofd geleerde formule was. Ter hoogte van het Sint Jan Berchmanscollege stak ze over om de filmprogramma's van de patronaatsbioscoop te bekijken. Als ge wilt kunne we volgende zondag same *naar de film* gaan, zei ze. Ze spelen 'The Keys of the Kingdom' in Sint Jan. Ik zei dat ik eigenlijk de voorkeur gaf aan een cowboyfilm in de stad. Als hij *Voor Allen* gekwoteerd staat in de filmleiding, heb ik er niks tege, zei ze, maar dezen hier is heelgoe, dadisgewete. Okee, zei ik. Is het dan ook goe da'k mijn broer van tien jaar meebreng, vroeg ze. Okee, zei ik, maar hoe oud zijt *gij* eigenlijk! Vijfentwintig, antwoordde ze. Ik: Dan zijt ge vier jaar ouder dan ik. Zij: Onzepa is ook vier jaar jonger als onsma... Ter hoogte van het Torengebouw: Hier werk ik en elkenavond voorda 'k den tram pak, *kniel* ik een paar minuutjes in 't Schoenmakerskapelleke, gaat g'efkes mee binne? Sprakeloos volgde ik haar. Een muffe lucht van wierook, kaarsen en dode bloemen. Een verlicht altaar met een piepklein gekroond beeldje boven een meterhoge goudbrokaten, met edelstenen bezette mantel. Ze gaf me schuw wijwater alsof ik een wildvreemde was. Tijdens het gebed keek ik haar zijdelings aan. Het was alsof haar gezicht opeens langer werd, smaller, beniger, de neus dunner, het voorhoofd hoger, ze leek sprekend op De Dame Met De Waaier van Velàzquez. Ze zat roerloos, op beide knieën, de handen gevouwen, de ogen star op het beeldje gericht, de lippen bewogen niet, de mond stond dun gespannen, de hoeken licht omlaaggetrokken. Na enkele minuten sloeg ze zorgvuldig een kruis, keek me aan en knikte kort. We stonden op, knielden voor het tabernakel en aan de uitgang doopte ik mijn vinger in wijwater en raakte even haar vinger aan. Opnieuw knikte ze. Buiten greep ze opeens mijn arm, fluisterde *danku* en voor het eerst gearmd, zwijgend, ik beduusd, liepen we de Huidevettersstraat in. Honderduit begon ze te babbelen over broers en zussen, de girl scouts, de collega's op het werk. Ik nam mijn gewone stap, maar na enkele minuten verzocht ze me wat langzamer te lopen, want ze was nogal rap buiten asem, zei ze hoogrood. En: ik heb d'ailleurs ook beloofd vandaag om tien ure thuis te zijn, maar we kunne gerust nog een eindje wandelen in de richting van tram 2. Waar *woont* g'eigenlijk? vroeg ik. Op 't Kiel, zei ze ontwijkend. Ik vroeg niet welke straat.

Nationale Bank. Mechelsesteenweg. Hoek Koningin Elisabethlaan. Hier zal 'k op mijnen tram wachte, zei

61

ze. Vreemd, ze neemt altijd de leiding, dacht ik. Onder de bomen van het parkje, in het licht van een natriumlamp stond een bank. Ze stemde aarzelend toe om even uit te rusten. Ze liet haar hand kussen. Haar wang. Haar lippen. Maar toen ik mijn tong wou gebruiken, was het opeens alsof al haar spieren in kramptoestand kwamen. Ik greep haar heupen, voelde het corset onder de dikke wollen mantel. Ik hoorde de lucht uit haar neus blazen, die vochtig was. Smekend keek ze me aan. Langzaam met het hoofd schuddend. *En bang.* Zelden had ik de angst bij iemand zo lijfelijk aangevoeld. Ik schrok. Vroeg of er wat scheelde. Jo, we moete fairzijn en het mekaar *op da gebied* nie moeilijk make, als ge dà van mij verlangt, wil ik er liever *vandaagal* mee stoppe, en d'ailleurs het màg nie, zei ze snel, met vochtige lippen, pathetisch, maar ongehoord vastberaden. Goed, zei ik, van mijn stuk gebracht, niet bij machte tot het stellen van om het even welke daad. Ze is vier jaar ouder dan ik, het is een volwassen vrouw, ging het onophoudelijk door me heen, om niet de zwijnerijen in haar oor te fluisteren, die in mij opborrelden. Maar tegelijkertijd was ik blij verrast omdat ik voor het eerst bij een vrouw iets anders kon voelen dan sexuele begeerte. Vol respect gaf ik klopjes op haar hand tot ze bedaard was.

5 mei 1952
Wanneer een vrouw vloeit, dan zal zij
zeven dagen in haar maandelijkse onreinheid
blijven, en ieder die haar aanraakt, zal
ter plekke gestenigd worden, zodat hij sterft.
Leviticus 15 : 19

Zoals altijd zag Helena er tijdens de M. zoals ze het welgemanierd noemde, veel ouder uit dan haar leeftijd en ik had vroeger nooit aangedrongen omdat ik wist wat haar antwoord zou zijn, maar die dag deed ik het toch en herhaalde met opzet mijn verzoek. De gewone voorjaarsbezetenheid na een te lange periode van hagel- en sneeuwbuien, die me aanzette om iedereen om me heen onnodig pijn te doen. Toen ze telkens droef antwoordde dat het echt niet kon vanwege het strenge verbod, het enige dat ze godbetert nog in ere hield, en ze kordaat weigerde het met haar mond te doen, zei ik dat Chinese vrouwen veel beschaafder waren dan joodse en beloofde haar lachend dat ik dan noodgedwongen zou gaan waar ik altijd terecht kon. Wat een *ontaarding*, zei ze met een lage stem, toen ik opstond en zonder te groeten wegging. Buiten startte ik de Ford en reed verbeten naar de Gorterstraat, waar een schonkige prostituée met stroblond haar eerst de twee briefjes van honderd incasseerde, me zorgvuldig met warm water waste, de pisbuis uitkneep om te zien of ik niets mankeerde en me vervolgens vakkundig afzoog tot ik kreunend klaar kwam, terwijl ze onmiddellijk daarop naar de lampetkom liep om het uit te spuwen. We zeiden geen tien woorden tegen elkaar. Je préfère ça, zei ze, doelend op het zuigen. Moi aussi, antwoordde ik, en toen ik buiten, in de smalle straat met de zestiende-eeuwse huisjes, verdwaasd als een kropdrager stond rond te kijken, voelde ik opnieuw de onrust als een vuist tegen mijn middenrif aan duwen. Ik reed naar het stationskwartier, ging De Lachende Koe binnen en na enkele slows met telkens een andere griet, trof ik een zwarte met lange haren en oogwimpers die met ongewone overgave en soepel als een kat tegen me aan danste, vantussen haar borsten steeg een waanzinnig Oud-Egyptisch parfum, ik voelde een onbeduidend broekje onder een gladde zijden jurk *en haar speeksel was koel* zodat ik niet kon ophouden met kussen. Ze heette Mariette. Ze stelde zelf voor om ergens anders heen te gaan. Ik nam haar mee naar de auto, die ze snel keurde met de gewiekstheid van het volksmeisje. Ik reed naar Wijnegem, stopte aan het jaagpad van het Albertkanaal, haalde de Schotse deken uit de bagagekoffer en opgetogen gingen we de struiken in. Het was de eerste zachte lenteavond met overal fluitende vogels en stilte die naar geplette vliertwijgjes geurde. Ik moest haar beloven op tijd terug te trekken hoewel ze *zo'n goesting* had, zei ze, en ze kwam vóór mij klaar, met tegenzin liet ik alles in mijn zakdoek lopen en ze kreeg maar niet genoeg en ik likte haar wel drie keer klaar en werd wild van grijplust. Voordat ik er weer in mocht, verzocht ze me eerst te pissen vanwege het gevaar en ze hield hem vast tussen duim en wijsvinger als een trommelstok en ik viel bijna om van het lachen om haar platte taaltje. Als ge dan toch parfors wilt poepe, doeget dan in m'n olleke, zei ze en haalde metterdaad een tube uit haar handtas, ging op ellebogen en knieën liggen, bracht het spul aan en voor het eerst in mijn leven had ik het hemelse gevoel een reu te zijn die zo snel mogelijk een loopse teef dekt en haar aarsje was een spannende roos vol zachte zeep en toen we klaarkwamen, vielen we om en toen het te koud werd, gingen we als gekken door op de achterbank tot we nat van het zweet in elkaars armen naar adem lagen te happen. Toen we in de nanacht ergens in een volksbuurt van Deurne afscheid namen, zei ze nuchter: Ik kom praktisch elken avond in de Lachende Koei. As ge soms goesting hèt... In de buitenlucht rook ze naar hazelnootjes en kasteel-vijvers.

Thuis op mijn kamer kwam de andere onrust over mij alsof ik met geweld door bewakers in een nat laken werd gewikkeld. Een mateloos verlangen naar Helena die ik om negen uur zou opbellen met strelende woord-jes vol schofterige galanterie, waarvoor ze zoals altijd zou bezwijken. En voor het allereerst ook: opnieuw geil worden door naar de ingelijste foto op mijn werk-tafel te kijken van de jonge vrouw met het intense gezicht onder zware wenkbrauwen, en geconcentreerd denken aan de onderbroeken van ongerepte vijfen-twintigjarige padvindsters, van wie ik de uniformrok-ken een voor een zou opstropen, de overrijpe dijen betastend, langzaam mijn gulp openmakend, strenge bevelen roepend, terwijl ze in afwachting doodsbang de gangbare schietgebeden zouden prevelen.

20 november 1958
Zuiders reukwerk is mij een gruwel.
Jesaja 1 : 13

Hewel, wa betekent dadier? beet mijn echtgenote me toe met een dun schoklachje, terwijl ze me hijgend een flacon met een reusachtige vergulde dop onder de neus hield. Mijn mond werd droog, mijn keel kneep dicht van de hartkloppingen. *Jean Patou* las ik, rook er even aan en gaf het haar schouderophalend terug. Waar komt da vandaan? vroeg ik met de stem van een vreemdeling, razend op mezelf omdat ik niet genoeg talent kon opbrengen om de situatie losjes meester te blijven. Waarkomtdavandaan, hoe dùrft ge?! riep ze armenzwaaiend, heel uw broessekoffer stinkt tien ure bove de wind *naar d'hoere* en 't is d'ailleurs al den tweede keer da 'k u op 't zelfde betrap... Ik ben geen kind, zei ik afgemeten, mijn ogen recht in de hare, ik verzoek u dus dringend het woord *betrappen* nie meer te gebruike (ik sla de tanden uit haar bek, dacht ik, ik boks haar tegen de grond). Opeens zei ze zogenaamd peinzend, zeer zelfvoldaan: Nu Gaat Er Mij Een Licht Op... Verleje zondag na de mis zei pateroverste da'k u beter nie meer alleen naar de broesse moest late gaan Nu Gaat Er Mij Een Licht Op! Denkt ge nu werkelijk da'k zo stom ben om *met parfum* in mijn koffers rond te rije, zei ik toen ik opnieuw in staat was om efficiënt te denken. Ze aarzelde. Waar-komt-da-vandaan? vroeg ze met kleine ogen. Da vroeg ik toch al, zei ik lachend. Met een knal gooide ze de flacon in scherven op de vloer en het heerlijkste parfum van de wereld verspreidde zich bliksemsnel tot in de verste uithoeken van de salon. In de stilte die volgde opende de kok Mohongu discreet kuchend de deur. Hij richtte het woord tot mij. Missié, zei hij, wat madame daar heeft laten vallen is eigenlijk een geschenk voor mijn vrouw. Streng, inwendig echter barstend van opluchting, vroeg ik: Waarom heb je het dan stiekem in mijn koffer gestopt, idioot? Excuus missié, mompelde Mohongu met neergeslagen ogen. Hoeveel heb j'er voor betaald, *zoba*? Driehonderd, missié... (Stomme-kloot, dacht ik, een flesje Patou kost twaalfhonderd). Ziet ge nu wel, zei ik met een innemend joods gebaartje tegen mijn echtgenote die er als van de hand

Gods geslagen bijstond, da grapke kost ons dus drijhonderd balle... Om tijd te winnen goot ik omstandig whisky in een glas, liep naar de keuken en voegde er ijs bij, van de gelegenheid profiterend om Mohongu prijzend toe te knikken. Hij snuffelde, lacherig aan zijn gat krabbend. Sofie? fluisterde ik. Hij knikte bevestigend, de armen gespreid in een hulpeloos gebaar. Ik sla haar een ongeluk, zei ik tussen mijn tanden. Doe dat, beaamde Mohongu vurig, Sofie azali *putain mingi mpenza*! Wa staat ge daar allemaal te *fezele*?, riep mijn echtgenote vanuit de salon. Ik geef hem naar zijn *klote* voor die *kloterij*! antwoordde ik, wetend dat het woord haar ergerde.

Tot aan het avondmaal zei ze gewoontegetrouw geen stom woord meer. Thadeus veegde uiterst voorzichtig de glasscherven op en dekte daarna de tafel. Ik bediende me nogmaals van whisky. Vinnig zei ze: Dat is 't leste glas voor vandaag, 't is een echte *schande*, in uwen eersten term dronkt g'één fles per week en nu gaat g'uwe schone vriend Mateus achterna (mijn Portugese kameraad die ze niet kon uitstaan). De enige remedie is meedoen, herhaalde ik het bekende grapje. Ze kneep haar lippen samen en haar onderkin zwol. Apropos, zondag gaan we te biechte, zei ze opeens. Opnieuw voelde ik de vuist als een tang om mijn keel. Da Zal Nie Waar Zijn, zei ik met een stralende glimlach, haar toon volmaakt nabootsend. Zij: Dan slaap ik nie meer bij u. Ik: Hoera. Zij: En volgende week ga ik mee naar de broesse. Ik: Da Zal Nie Waar Zijn. Zij: Manneke, gij zult ooit nog 's *slage* krijge van uwen eige zoon. Ik: Dan zal hij nog veel spek moeten ete. Zij: Ik heb *spijt* da 'k ooit met u getrouwd ben. Ik: Da's simpel, laat ons scheide. Zij: Nooit of nooit! Ik: De Blijde Boodschap. Enzoverder enzovoort.

1961

Ik ben een en al vrede, maar
als ik spreek, dan zijn deze kwakzalvers uit op oorlog.
Psalm 120 : 7

De ruim zeshonderd officieren, onderofficieren en manschappen van het *Nederlandstalige* regiment 1e Jagers te Paard met vast- en rollend materiaal, voor drie dagen oorlogsammunitie, benzine, olie en proviand, waren gehuisvest in de voormalige ⚡-kazerne te Arolsen, Kreiz Waldeck, en eigenlijk verschilde hun taak niet zo heel veel van die van hun beruchte voorgangers. Aan de Fuldarivier die niet ver daarvandaan voorbijstroomde, diende het regiment 1° Op uur H + 1 van tevoren gereedgemaakte gevechtsposities in te nemen, 2° De eerste aanvalsgolf van de vijand op te vangen en te *omschrijven*, 3° In een terugtrekkende beweging vertragingsgevechten te leveren tot het gros van de Navo-strijdkrachten in staat van paraatheid zou zijn om het tegenoffensief in te zetten.

Het was alleszins een merkwaardige toestand, want hoewel het 1e Jagers tijdens jaarlijkse divisiewedstrijden talrijke prijzen wegkaapte en algemeen als een elite-eenheid werd aangezien, waren er van de vier escadrons waar het regiment uit bestond, twee doorlopend ofwel op verlof, ofwel deden ze piket- en wachtdienst en waren dus zo goed als buiten gevecht. Van het rollend materiaal dat de vroegere paarden verving, stond meer dan de helft in panne bij gebrek aan wisselstukken en na een gevechtsoefening kon dat wel tot drie vierden oplopen, maar zo'n situatie kon administratief vermomd worden door handige escadronscommandanten, en dat waren ze in hoge mate, deze Belgen. Ook heldhaftig en gedreven, want boven de monumentale open haard van de officiersmess, gehuisvest in een riant landhuis met een tuin vol oude bomen, prijkte een schild met de regimentsspreuk *Ubique Fidelis Et Fortis,* en aan de wand hingen tussen allerlei sabels en zilveren helmen enkele Duitse borstharnassen met kogelgaatjes die in 1914 waren buitgemaakt na een ophefmakende overwinning, waarvan verbleekte wimpels aan bamboestokken ten overvloede getuigden. Ook hing in de bar een koperen scheepsklok die geluid werd telkens als er over dienst werd gepraat. Bij die gelegenheid moest de foute officier een *tournée générale* betalen waarbij het regimentslied werd gezongen.

De dag dat ik me in groot uniform aan de kolonelkorpscommandant was gaan voorstellen, die me met minzame neerbuigendheid in moeilijk Nederlands had ontvangen (hij had een naam met scharnieren) werd op mijn kosten in de bar een drink aangeboden, want je gaat niet voor niets een maand legerdienst doen tot het behalen van de graad van reserve-luitenant. Tot mijn grote verbazing hief men bij die gelegenheid het regimentslied aan *Et dans le lit de la marquise / il y avait / quatre-vingts chasseurs /,* waarna de dunne tenor van de korpsgeneesheer *Et un docteur*! schreeuwde, gevolgd door een luid gebruld da capo en studentikoos gestamp van laarzen. Ik liet me gewillig meeslepen door hun mannelijke driestheid en God zegen' de greep-optimisme en was bereid alles met de mantel der liefde te bedekken, maar na twee dagen verblijf trad opeens een koudegolf in, snachts vroor het twintig graden en toen bleek dat de winterkleding der manschappen daar helemaal niet op voorzien was. Wanneer ik met de commandant van escadron A, waarbij ik was ingedeeld, een lange Oostvlaming met een lijdzaam karakter, een verkenningstocht naar de Fulda ondernam, gaf hij me een verrekijker en vanuit een besneeuwde kuil op een kale helling ontdekte ik zonder moeite de *vijandelijke* stellingen aan de overkant, die echter permanent bezet bleken. Dat was niet het enige verschil. De Russische infanteristen hadden klepmutsen, lange bontmantels en sneeuwlaarzen aan en lagen plat op het ijs in onze richting te kijken, machinepistool in aanslag, roerloos als beelden. Het was indrukwekkend. Net of ze bevroren zijn, fluisterde ik tegen mijn superieur, die snot ophaalde van de kou. Geloof het maar niet, zei hij mistroostig, het enige wat we van ze weten is dat ze dag en nacht op hun post zijn, maar *zij* weten god en godverdomme *alles* van ons, het is een echte schande! Om de maand komen er Russen op bezoek en in *onze* mess drinken ze alleen fruitsap, maar als *wij* naar den overkant gaan, schenken ze stromen wodka van vijftig procent. Eerst een kluit boter om de keel te smeren en hop, in éne zeup, g'hebt geen idee wat die *smachtkoppen* kunnen verzetten. *Wij* kruipen dan meestal op handen en voeten naar onze jeep. Ik vroeg hem wat wij in godsnaam met één pover regiment op halve kracht konden beginnen tegen een Russisch offensief. Zeg dat maar niet als de kolonel er is, antwoordde hij, ge zult het trouwens horen tijdens de volgende *pep talk*, het is al kernwapens en chemische oorlogvoering wat de klok slaat. En *meent* hij dat ook? vroeg ik. Vraag het hem zelf, antwoordde hij met een geheimzinnig lachje.

Het officierenkorps van het 1e Jagers te Paard bestond zoals overal ter wereld uit een bont allegaartje van buitenbeentjes en onopvallende werkers van het elfde uur, maar vanuit militair oogpunt was iedereen merkwaardig goed voor zijn taak berekend. In de administratieve diensten: enkele teleurgestelde dronkelappen zonder hoop op promotie, enkele Pietjes Secuur die hun paperassen uitstekend beheerden. In de gevechtsafdelingen: ondermeer een voorvechter uit de katholieke jeugdbeweging die elke morgen de mis diende in de kazernekapel, een kaalgeschoren sportman met een enorme snor die uren in een bad met ijskoud water kon liggen en als spiertraining knarsetandend rubberballetjes platkneep, enkele magere Strebers die dag en nacht studeerden met het oog op het felbegeerde Stafbrevet, een mislukte artist die in bier gedrenkt urenlang Baudelaire kon opzeggen, in één woord een Angelsaksische mannenclub van kortharige, sportieve boy scouts die stevig in de hand werden gehouden door de kolonel-korpscommandant, aristocratisch van allure, bijgenaamd Het Knipperlicht vanwege een defecte oogzenuw en wiens echtgenote af en toe te paard met bolhoedje en rijzweep langs de garages reed tijdens de *maintenance* van de voertuigen, en wee de onderofficier die niet in de houding sprong, (ze had een zwak voor soldaten). Tijdens de *pep talks* van de kolonel werd actief tegen het communisme geïndoctrineerd, met de bedoeling de strijdvaardigheid in stand te houden, en natuurlijk was de Mythe alomtegenwoordig via dooreengeklutste begrippen, paranoïde hersenschimmen en verzinsels als Onze Vredeswil, De Steeds Loerende Vijand, De Vrijwaring Van Onze Westerse Waarden, Onze Kameraadschap, De Eer Van Ons Wapen enzovoort, maar het was hoofdzakelijk dankzij deze denkwijze dat de meeste officieren zich vierkant bereid verklaarden om als het moest, aan het hoofd van hun afdeling voor deze idealen ten strijde te trekken. In die dagen was in België de staat van beleg afgekondigd vanwege onlusten tengevolge van de eenheidswet, en dat wekte de verontwaardiging op van de

Mannen der Voorposten, zoals ze zich trots noemden. Tot mijn verbijstering luisterde ik naar gesprekken over een eventuele staatsgreep door het leger. Ze zaten letterlijk op hete kolen om in te grijpen en dan zouden ze *klein stoofhout* maken van *het communistisch krapuul* in de fabrieken!

Mijn stageperiode in de Voorposten beperkte zich al bij al tot drie weken gedwongen stilzitten vanwege wacht- en piketdienst van mijn escadron, zodat ik hele dagen op mijn kamer doorbracht met lezen en mijn roman herwerken, het laatste sporadisch want het vervulde me teveel met heimwee. Nederig hield ik drie vrijdagen toezicht op het onderhoud van een aantal brandschone voertuigen die niet reden, deed inspecties van kamers die blonken van netheid, hielp mee het contingent van vijftigduizend geweerpatronen in doelschijven te schieten dat op een onverwacht bevel van Brussel door een nieuw contingent moest worden vervangen en liet op staatskosten mijn mond verzorgen bij een Duitse tandarts. En elke avond bezoop ik me tot diep in de nacht met de majoor S3, een vrijgezel die een onverklaarbare sympathie voor mij had opgevat. Hij kon niet genoeg krijgen van mijn verhalen over hete liefdesnachten met zwarte vrouwen. En jij was *getrouwd*! riep hij uit, zoiets is in het Belgisch leger gewoon niet denkbaar, als ze *bij ons* op iets nauwkeurig letten, dan is het op de morele onkreukbaarheid van het officierenkorps. Hij begreep me niet goed toen ik daarop zei dat een mens tenslotte altijd kiest tussen liefde en geweld.

Op het laatst begon ik me ondanks het ontbreken van elke vorm van sex, zo goed te voelen in Arolsen, dat ik zonder aarzelen zou hebben toegestemd om nog wat te blijven, maar dat werd mij natuurlijk niet gevraagd.

Het verlangen naar Julie dat ondanks alles in mijn vel bleef zitten, vervaagde in dit totaal andere milieu en hoewel ik duidelijk voelde dat ik in het 1e Jagers te Paard een vreemde eend was, dacht ik door het verblijf bij het regiment voorgoed van de nostalgie genezen te zijn.

Reserve-officieren werden slechts noodgedwongen getolereerd in deze selecte groep van in hun vak doorknede mannen met een verheven taak. Dit bleek overduidelijk tijdens de regimentsoefening op het einde van mijn stage. Op uur H + 4 zou een *bevriende* kernbom tot ontploffing gebracht worden. De chauffeur van mijn jeep kende het zaakje blijkbaar uit zijn hoofd, want hij zocht prompt een sneeuwvrije plek uit de wind onder een dikke spar, spreidde zijn tentzeil uit, dook eronder en rolde zich op als een egel. Ik wachtte in de jeep op het radiocodesein om me zo vlug mogelijk in mijn tentzeil te wikkelen tegen de *fall-out*, de ogen te sluiten voor de *flash* en het aanvalssein af te wachten. Net toen de bom ontploft was, verscheen opeens de kolonel-korpscommandant, gevlochten rijzweep met zilveren knop onder de linkeroksel van een prachtige kameelharen overjas. Hij schudde ontmoedigd het hoofd. Een pelotonscommandant moet permanent aan de microfoon van zijn radio blijven, want radiocontact is belangrijker dan atoombescherming, zei hij foutloos alsof hij de tekst uit een boekje voorlas, draaide zich om en ging weg. Toen ik het voorval aan de majoor vertelde, haalde hij de schouders op en veranderde van onderwerp. Later vernam ik dat Het Knipperlicht graag reserve-officieren voor de gek hield.

De laatste dag van mijn verblijf werd een afscheidsdrink op mijn kosten aangeboden, en toen ik na een ironische toespraak, waarbij niemand lachte, argeloos het regimentslied aanhief, werd ik kordaat onderbroken door de jongste officier, die terecht zijn privilege opeiste, waarna de korpsgeneesheer eenzaam inviel. En de scheepsklok luidde onder algemeen gelach, de laarzen stampten en de glaasjes werden geheven. Nadat ik van de vernedering bekomen was (de kolonel had me sarcastisch op mijn zware inbreuk gewezen) begon voor het eerst na mijn ontmoeting met Helena in 1946 een knagend schuldgevoel op te komen dat ik met de beste wil niet kon omschrijven. Tijdens de terugreis per militaire trein door Duitsland, die twintig uren duurde, probeerde ik, heel alleen in een oververhitte eersteklascoupé, het ellendige gevoel kwijt te raken door te slapen, maar ik had geen pillen bij me en deed niets anders dan naar het besneeuwde landschap kijken dat als een reeks lichtbeelden voorbijschoof. Langzaam week het schuldgevoel, maar in de plaats van de gevreesde weemoed, kwam een glashelder besef dat ik op weg was om een waardeloos individu te worden, *bij gebrek aan een geschikt werkterrein.* Ik kwam in paniek. Het was alsof mijn lichaamstemperatuur enkele graden daalde. Ik kon bijna niet meer ademen. Met walging keek ik naar mijn uniform met het povere gouden sterretje en moest denken aan de spannende avonturen tijdens mijn militaire raids tegen de Baluba, waar niemand in Arolsen iets van scheen te weten, anders hadden ze me zeker ongelovig uitgevraagd, belust als ze waren op nieuwtjes en roddel. Ik sloot de coupé af, trok de gordijntjes omlaag en deed een burgerpak aan. De rug van mijn kaki hemd was nat van het zweet.

In Antwerpen was het alsof ik in de nek werd gegrepen door een telebediende hand die me vasthield en voortduwde. Een taxi nemen. Door smeltende sneeuw rijden langs trottoirs vol reusachtige vuilnishopen vanwege de nog altijd voortdurende stakingen. Jan De Voslei. Stoppen. Betalen. Mijn koffer uit de bagageruimte tillen. Over het zacht verende schuimrubbertapijt in de richting van de belknop lopen, waar het dunne infrasonische gefluit in mijn schedel begon te groeien.

*To peer (piǝ) a) turen, kijken (*at, naar);
      b) gluren, zich vertonen.
Ten Bruggencate-Broers   Engels Woordenboek E-N

Medio maart begon ik me allengs erg moe te voelen en ik kreeg chronische diarree. Na een algemene checkup in het Tropisch Instituut bleek dat ik in erge mate aan ankylostomiasis leed, drie soorten filariose in mijn bloed had en latente malariakiemen, wat zelden bij het blanke ras voorkomt. Vandaar mijn alarmerende bloedarmoede. Bij nauwkeuriger onderzoek bleek bovendien dat één soort filariose hoofdzakelijk bij chimpansees werd aangetroffen. Toen ik zei dat ik vaak blootsvoets op jacht was geweest in oerwouden waar grote kudden chimpansees leefden, keek de arts me peinzend aan en schreef een reeks geneesmiddelen voor, waar ik me streng aan moest houden, want ze waren bijna even gevaarlijk als de ziektes waarvoor ze dienden. Voor de ankylostomiasis moest ik drie ochtenden na elkaar met een lege maag naar het Instituut komen, waar ik een gelatinepil ter grootte van een duivenei door mijn keelgat moest zien te krijgen en daarna een uur op een draagberrie gaan liggen. Mijn adem stonk de hele dag naar ruwe olie als een boorput, maar het was het enige middel om van de mijnwormen af te komen. Toen ik vroeg waarom men niet twee of drie kleinere pillen kon voorzien, gaf de verpleegster mij een moederlijke raadgeving, die niets met mijn vraag te maken had. Ik voelde me ondanks alle geneesmiddelen ellendiger dan ooit. Wellicht was mijn kwaal wel psychosomatisch want het vertrek van de leden van de territoriale dienst naar Kongo was voor onbepaalde tijd uitgesteld. Eind maart constateerde ik op een ochtend tijdens het scheren dat mijn oogballen geel waren als saffraan. Da lijkt wel geelzucht, zei mijn echtgenote, die zoals in Kongo de Larousse Médical raadpleegde en me al de symptomen van La Jaunisse voorlas, waaronder Conjonctivite. Ik opnieuw naar het Instituut waar men mijn donkergele urine onderzocht en bloed aftapte. De arts reserveerde onmiddellijk een kamer, waar ik dezelfde dag nog op moest met verbod voorlopig enig bezoek te ontvangen. Geelzucht inderdaad. Bovendien tengevolge van een virus, dus dubbel gevaarlijk. De eerste avond al cortisone-injecties en allerlei pillen, intussen ook de behandeling van filariose voortzetten met carbilazine plus postafene tegen de vreselijke jeuk. De ochtend daarop nieuw bloedonderzoek en de nieuwe arts die bloed aftapte bleek toen een studiemakker van bij de jezuïeten, Ludo, die drie jaar dienst als koloniale arts achter de rug had. Smiddags kwam hij op mijn kamer een praatje maken, stelde me gerust met al mijn ziektes en haalde een zakfles whisky te voorschijn. Proeven? vroeg hij en toen ik met smaak een half glas uitdronk, begon hij te lachen. Een goed teken, zei hij, je zult vlug genezen zijn.

Hij had dienst gedaan tijdens de massale evacuatie van de blanken uit Kongo en ik vernam allerlei interessant nieuws van hem. Dat er in juli 1960 een vliegtuig met meer dan tweehonderd door de negers gecastreerde Belgen die het overleefd hadden was geland *op het militair vliegveld van Evere* vanwege de discretie en dat ze een sonde droegen die op gestelde tijden ontsmet moest worden. Door hun vrouw, voegde hij er lachend aan toe. Dat er op dat eigenste moment een non in het gebouw vertoefde die elke middag om vijf uur stipt naar de kapel ging om te bidden. Ze was namelijk op dat uur door negersoldaten verkracht geworden en had later een *wettelijke* abortus ondergaan. Dat komt ervan als je de eeuwige gelofte van zuiverheid met voeten treedt, zei ik en hij legde gevat een verband met de gelofte van gehoorzaamheid, we waren niet voorniets op dezelfde school geweest.

Mijn echtgenote bleef tot mijn opluchting de eerste tien dagen weg uit schrik de besmetting op de kinderen over te brengen. Het enige wat ik van haar te zien kreeg waren briefjes met plaatselijk nieuws die ik vluchtig las en weggooide, en verder elke dag een halve kilo filet américain van eerste kwaliteit, die ze aan de ingang kwam afgeven en die ik met zout en peper vermengd in dikke plakken op toast smeerde, het dieet van het Instituut voorzag alleen magere kaas, kwark en rode bessenjam. Onder het bed stond een fles whisky die Ludo had meegebracht en waar we van dronken tijdens het dagelijkse pokeruurtje, een spel waar hij bedreven in was als een duivel. Toen de kamermeid, een fel opgemaakt Antwerps volksvrouwtje, de fles tijdens de dagelijkse schoonmaakbeurt ontdekte, schoot ze in de lach en aanvaardde onmiddellijk een slokje, toen ik het haar aanbood. Dat brak het ijs en vanaf dat ogenblik noemde ze mij om een onbekende reden *minister*. Zoals tijdens de stageperiode in het leger voelde ik me biezonder goed op mijn gemak in het Instituut. Vaste bezoekuren, ruime privacy, uren aan een stuk ongestoord lezen, slaapjes doen, stilte, weliswaar geen bewegingsvrijheid, maar verbazingwekkend kon me dat niet schelen. Ik beschouwde het als een soort winterslaap, alvorens uitgerust opnieuw naar Kongo te vertrekken. Ik geloof dat ik me in die dagen zelfs in de gevangenis thuis zou hebben gevoeld.

De derde week van mijn verblijf gebeurden er opvallend kort na elkaar enkele dingen die op het eerste gezicht niet veel met elkaar te maken hadden.

1° Ludo die het tweedelige standaardwerk Médicine Tropicale van Vaucel meebracht, dat ik graag wou raadplegen om wat meer te weten te komen over mijn ziektes.

2° De eerste hoogoplopende ruzie van het jaar 1961 met mijn echtgenote, zoals gewoonlijk wegens ideologische drijfveren. Ze had de meer dan negentigjarige socialistische voorman Camille Huysmans, die op sterven lag met een gebroken dijbeen, belachelijk gemaakt in verband met zijn veelbesproken huwelijk met een heel jonge vrouw, waarop ik antwoordde dat hij tenminste niet hoefde te liggen masturberen in het aanschijn van de dood zoals Pius XII. Opnieuw voorspelde ze dat ik, als puntje bij paaltje kwam *gestraft* zou worden, en toen ik het klassieke Please Shut Up uitsprak, verliet ze woedend de kamer.

3° Een prachtig geklede, mij onbekende zwarte student in de geneeskunde, die tot mijn verbazing op een middag aanklopte, de kamer binnenstapte, een aristocratische hand gaf en een stoel bijschoof. Na enkele whiskies verklaarde hij zonder blikken of blozen dat hij eigenlijk geneeskunde studeerde om na afloop in zijn geboortedorp toverdokter te worden, waarna hij me tweehonderd frank aftroggelde voor postzegels.

4° De kamermeid die, toen ze zag dat ik Battle Cry van Leon Uris aan het lezen was, begon te vertellen dat ze vijf jaar in de Verenigde Staten had gewoond, nadat ze getrouwd was met een Amerikaanse soldaat, die haar in 1945 *ne kleine had gemaakt*. Hoe oud waart ge toen? vroeg ik. Zij: Veertien jaar. Ik: Zozo, dan waart g'er vroeg bij. Zij: Pff, bij ons thuis zijn z'allemaal nogal neig voor 't lève. Ik: Als ge toch vijf jaar in Amerika hebt gewoond, dan weet ge zeker wat *to peer* wilt zegge (en ik toonde haar het boek). Zij: Laat 's loeke. Ze kwam dicht bij mijn bed staan, nam het boek en toen ze lachend zei *achter 't hoekske piepe natuurlijk*, gaf ik haar een kus en noemde haar Honingbieke. Pas op, minister, want veul heb 'k nie nodig, zenne, zei ze met haar ogen recht in de mijne. Komt-dan-in-bedéé, zei ik hals over kop. Ik kon bijna geen adem halen van de hartkloppingen, voor het eerst na Kongo lag de kans voor het grijpen. You are welcome, maar wacht dan ne minuut, zei ze weerloos, gaf me heel zacht en lief een kus op mijn mond, nam emmer en schoonmaakgerei en verdween. Enkele minuten later was ze er opnieuw, zichtbaar opgewonden. Ik heb het plakkotsje NIET STOREN op de deur g'hange, zei ze proestend, want ge kunt nooit nie wetenéé. En vliegensvlug deed ze haar bloes uit, rokje, beha, slipje, kroop onder de lakens en vurig begonnen we te vrijen. Ze was klein en mollig maar ijzersterk, ze had een strak rose huidje en rook naar toiletzeep en katten. Schatteke, maak het kort, smeekte ze, want ze moge me nie te lank misseněé. Toen ik in haar kwam, was ze al helemaal glad en ze begon zelf actief met haar kutje te werken. Naar mij moet 'e nie zieng, ik kan me tóch nooit nie houe, fluisterde ze en stak een zakdoek in haar mond. Toen ik klaarkwam, voelde ik hoe haar lichaam zich schokkend spande als een veer, ze trapte met haar benen, kneep hard in mijn flanken en ik hoorde gesmoorde geluiden in de zakdoek. Ze maakte zich hij-

82

gend los, kuste me nog eens, zuchtte van spijt, gleed uit het bed en kleedde zich wankelend aan. Gij zij ne lieve vent, minister, zei ze terwijl ze zich voor de spiegel snel een beetje opdofte. Morgevruug kom 'k vroem as ge tenmingste goesting hèt... You are welcome, zei ik, maar waarom stopt g'eigenlijk een *zakdoek* in uwe mond. Ik was koninklijk welwillend van zaligheid, voor het eerst sedert jaren kon ik weer aannemen dat er ook nog goede blanke vrouwen waren. Anders keel ik heel den hannekesnest hier bijeen, antwoordde ze en schoot in de lach. Ik kreeg nog een kus en weg was ze. 5° Het was nog geen tien uur in de ochtend, maar neuriënd schonk ik een glas whisky in, sloot de ogen en dronk genietend. Toen nam ik de blocnote uit de lade van het nachtkastje, vouwde hem open en schreef:

Naam hoofdpersonage:	Grégoire-Désiré Matsombo
Plaats der handeling:	Bosia - Tshimbi - Bumba
Titel:	?

wachtte even en schreef aandachtig:
De hut, waarachter de oude negerin Matembe maniok zit te raspen, is groot en in behoorlijke staat. De voorgevel is met okerkalk besmeerd en aan de onderkant donkerrood gekleurd.

Van de volgende dieren zult gij niet eten:
den haas, omdat die wel herkauwt, maar geen
gespleten hoeven heeft, onrein zal die voor
u zijn en hij die hem vangt op het gebied
van zijn Heer, zal op dezelve plek aan een
groene boomtak worden opgeknoopt, en het
lichaam zal, de aasvogels ten prooi, blijven
hangen als een afschrikwekkend teken.
Leviticus 28 : 7

Tot mijn verbazing opperde mijn echtgenote geen enkel bezwaar tegen een gezamenlijk vertrek naar

Heide. De artsen van het Tropisch Instituut hadden rust voorgeschreven en een streng dieet. De maand mei was bovendien in het land jochei en wat was beter dan gezonde boslucht om te herstellen? Alleen kleine fietstochten waren toegestaan. En stress vermijden vanwege gevaar voor hartslagstoornissen na de cortisonebehandeling. Deze bepalingen kwamen uiterst gelegen, want hoewel ik me biezonder fit voelde, hield ik mijn mond, om niet te hoeven assisteren bij de dagelijkse huis- en tuinsleur. Vanwege haar ingeboren respect voor de artsenstand in het algemeen kon mijn echtgenote moeilijk mopperen, wanneer ik uren aan een stuk mijn nieuwe roman 'Ik ben maar een neger', die ik in zestien dagen en halve nachten in het Instituut geschreven had, op stencil zat uit te tikken. Ik was van plan deze keer grootscheeps te werk te gaan bij twintig uitgevers tegelijk. Toen de rekening van de gestencilde vellen werd voorgelegd, zei ze: Gij hebt ne slag van de mole, zeker? Hewel, we gaan samen een goed akkoord make: het is de leste keer, ik herhaal De Leste Keer da zoiet nog in mijn huis gebeurt, ha meneerke die 't ineens in zijnen bol heeft gestoke dat hij ne schrijver is, laat me lache! Ik (bevend van woede): Afgesproke, als het deze keer nie lukt, dan vertrek ik naar Kongo en begin een garage, ik ga kapot in dat apeland hier. Zij: Om uwe kop te laten afkappe zeker, denkt dan maar gauw wadanders, Kongo is een gedane zaak en gedane zaken hebben geen keer. Ik: Leve de rijke Vlaamse taal, maar denkt ge nu echt dat ik nog onder orders van iemand kan staan? Zij: Julius Caesar is weer bezig! *Ik* moet wel staan afwassen en vloeren schrobben als een ordinaire meid. Ik: In Kongo zijn boys, dan kunt ge heelder dagen op uw lui gat zitten. Zij: Vulgairen typ. We blijven hier en na de zomer gaat ge werken zoals alleman, suka wana. Ik: Ge kunt verrekken en schei asteblieft uit met da Lingala. Zij (strijdlustig): Suka wana.

Enkele dagen daarna nieuwe woordenwisseling omdat ze de frankering van de twintig aangetekende stukken *exorbitant* vond. Ik bleef ijzig kalm en dat bracht haar buiten zichzelf. Gelukkig kende ze de oorzaak van mijn kalmte niet. Enkele keren per week ging ik een halve dag naar Antwerpen om post op te halen en allerlei zaken te regelen, en dan ging ik in een hotelletje naar bed met Lisette, het kamermeisje van het Tropisch Instituut. Nu we uitgebreid liefde konden bedrijven, werden we hoe langer hoe gekker op elkaars lichaam. En ik voelde me bovendien erg goed bij haar. Ze had een rustig karakter en was buitengewoon makkelijk in de omgang, ze ergerde zich aan niets, ongeveer zoals negerinnen. Misschien omdat ze indertijd veel slaag had gekregen van haar Amerikaan. Ik had haar al enkele Kongolese avonturen verteld en ze luisterde altijd heel aandachtig. Hoofdschuddend zei ze eens: Minister, gij moet oe eige wel nen *bietekwiet* vinden hier in België zeker?

Zoals in april gebeurden er nu ook weer opvallend kort na elkaar enkele dingen:

1° Op 31 mei kreeg ik op het adres in Putte met dezelfde post twee brieven met het bericht dat de uitgeverijen Manteau en P.N. van Kampen & Zoon in Amsterdam mijn roman wilden uitgeven. Ik was zo blij dat ik moest lachen om de plotselinge ommekeer in de houding van Manteau, sprong op mijn fiets en reed naar Putte om een fles champagne. We zouden hem ongekoeld moeten drinken want de familietraditie getrouw was er geen koelkast in de bungalow, maar dat wist ik. Wat ik niet kon voorzien, was de reactie van mijn echtgenote. Bij het goede nieuws had ze even opgekeken, haar voorhoofd gerimpeld, de mondhoeken omlaaggetrokken en *zozo* gezegd. Toen ik met de champagne thuis aankwam, schoot ze uit: Ge weet toch wat de dokters gezeid hebbe. *Absoluut* genen alcool. Ik: Met Ludo heb ik alle dagen whisky gedronke. Zij: Ge liegt! Ik: Goed, dan drink ik de fles alleen uit. Zij: Geen apprentie van, ge brengt ze subiet terug naar de winkel. Ik: Ge vindt het dus nie goe da mijnen boek uitgegeve wordt? Zij: Dat is genen boek, dat is *vuilesnert*, ge moest *beschaamd* zijn om zoiet te durve schrijve. Ik *eis* da ge ne schuilnaam gebruikt. Ik ben *beschaamd* voor mij en uw drij kindere, weet ge da 'k *beschaamd* ben om uwe naam te drage? Ik: Da's heel eenvoudig, laat ons scheide. Zij: Da zoudt ge te geren hebbenéé? Ik: Voor een katholiek verandert da toch niks aan de zaak en het Gebed verleent altijd genâde om te volharden in de onthouding.

Ze riep de twee oudste kinderen, kleedde hen aan en met z'n drieën gingen ze weg. Ik wist waarnaartoe. Naar een kapelletje op een kilometer daarvandaan, het was immers Mariamaand. Terwijl ik geërgerd de lauwe champagne opdronk, kwam het jongste dochtertje uit haar bedje en wou op mijn schoot. Pappa vriendjes? vroeg ze, dicht tegen me aan kruipend. Ik liet haar meedrinken, maar na een piepklein slokje weigerde ze. Mamma waar? vroeg ze met grote ogen. Mamma rap terug, zei ik. Mamma waar? herhaalde ze ernstig. Kom, dodokedoen, zei ik en droeg haar naar het bedje. Ze liet zich braaf toedekken en sloot gehoorzaam de ogen, maar aan het lichte beven van haar oogleden kon ik zien dat ze niet sliep.

2° Op 2 juni had ik een afspraak in Boekhandel Manteau te Antwerpen om de voorwaarden van het contract te bespreken. Een kwiek, kaal, goed gekleed heertje, dat zich voorstelde als V.d.l. onderdirecteur Manteau, vroeg me, op zijn horloge kijkend, of ik vijf minuutjes geduld had. Toen hij na anderhalf uur nog niet weergekeerd was, vroeg ik mijn manuscript aan de bediende, verliet de winkel en belde vanuit het P.T.T.-hoofdkantoor Amsterdam op. We maakten een afspraak voor de volgende dag op het Singel 300. Toen ik Lisette vertelde dat de Nederlandse uitgever van Willem Elsschot mijn roman had aangenomen, omhelsde ze me, kneep in mijn oren en zei met tranen in de ogen: Minister, ik wens oe alle sjans vandewereld, maar belooft mij één dink: as dien boek uitkomt, da g'er mij dan ene kadoo doe mee iet héél lief in geschreve, want ik was er toch bij swenst da g'er aan bezig waardéé. Toen ik haar vertelde dat mijn echtgenote eiste dat ik een schuilnaam zou gebruiken omdat ze zich schaamde voor het boek, zei ze schamper: Ik heb z'éne keer gezieng en 'k had sito gesnope wa voor een stekebees da ze was, hoe da gij mee zoiet zij kunne trouwe... ik zou gotverdoeme een gat in de lucht springe as mijne vent ne schrijver was, kom schatteke, minét ou wijfke nog maar 's en daarna héél traag poepe gelijk de leste keer...

Toen we weer op straat stonden, een beetje droef en verwezen, zei ze ineens: Gotvernondedoeme, nu in nen otto springe en same wegrije naar 't einde van de wereld... Ze verwoordde heel eenvoudig wat ik telkens voelde bij het afscheid. Dat sex zonder totale bewegingsvrijheid een pover bedrijf is, een surrogaat van het vroegere hondsdolle bestaan van jagen, rauzen, zuipen, orders brullen, slaan, trappen, chaotisch neuken in een prehistorisch landschap met regenwouden, bergen, meren, rivieren, savannevlaktes vol groot wild, zon, wind, vrijheid ha, een ademloze wirwar van vrijheid, die je dansend, van alle duivels bezeten, kon vergooien omdat alles om je heen zo onuitsprekelijk rijk was.

Na het sukses met de uitgevers had ik enkele uren hetzelfde triomfantelijke gevoel gehad, maar toen het opvallend vlug wegebde, was de onrust die ervoor in de plaats kwam, des te groter. Plus de overtuiging dat ik nooit meer een ander boek zou kunnen schrijven. Schrijven leek me het enige middel om het besef van eigen waardeloosheid verre te houden, waarvan ik bij zonsopgang telkens weer wakker werd na dezelfde godvergeten nachtmerries, in de gevangenis zitten, gemarteld worden, achtervolgd, opgejaagd als een beest in een machtige politiestaat. Erger nog dan de stormloop der Baluba-krijgers, een verschrikking die blijkbaar naar de achtergrond was gedrongen.

Zonder noemenswaardige verantwoordelijkheid buiten het pro forma-beheer van mijn gezinnetje, waarin ik me steeds meer een vreemdeling begon te voelen, moest ik me elk uur van de dag schrap zetten tegen de groeiende macht van mijn echtgenote, een afmattende bezigheid die elke vorm van creativiteit in de kiem smoorde, erger: aan de opbouw van de systemen waarin ik geworpen was, nam ik geen deel meer omdat alles me alsmaar zinlozer leek, een impasse waar je alleen uitraakt door hem met geweld open te breken, iets waarvoor ik me te laf voelde, of te ziek.

3°Toen mijn grootvader Janus tijdens de hittegolf van eind juni na lang tieren, smeken en janken volgens de verpleegster tenslotte was uitgegaan als een kaars, hoefden de nonnetjes slechts een vederlichte, tandeloze replica te wassen van de eenmaal zo levenslustige kerel, die in zijn gloriedagen meer dan honderd kilogram had

gewogen, twee maanden tevoren, pas in het ziekenhuis, nog de dondergod, de plaatselijke pasja van vijftien jonge meiskes, zoals hij giechelend opmerkte. Zijn
tweede vrouw was welgesteld, maar onvoorstelbaar
gierig, en volgens mijn moeder had ze hem gewoon
laten omkomen van ontbering. Ze weigerde daarom
naar de begrafenis van haar vader te komen, alleen al
om dat wijf niet te hoeven zien, die onrechtstreeks de
plaats van *onsmoeke* had ingenomen. Ook geen kerk-
dienst, geen begrafenismaaltijd, de schaarse leden van
de twee families links en rechts van de katafalk opge-
steld, onwennig, lucht voor elkaar, de traditionele
minuut inkeer, waarop vier mannen in het zwart van
ergens opdoken, hun schouder onder de doodkist zetten en hem zonder moeite naar buiten droegen. Op het
kerkhof wierp iedereen een verwelkt bloempje in de
kuil, waarna scheppen grond van haastige grafdelvers
mijn grootvader voorgoed aan het oog onttrokken.
Niemand liet een traan.
Terwijl ik langzaam met de auto van mijn ouders naar
Putte reed, praatte ik hardop in plechtige zinnen: Van
zijn kinderen was hij allengs vervreemd geraakt, tijdens zijn laatste jaren was het lot hem minder gunstig
dan ooit, eindelijk had hij geld, maar hij kon het niet
eens laten rollen. En bij zijn liefste kleinzoon kon er
zelfs geen traantje meer af. Van der Heiden, welke
godverdomde gedachte ging er door je hoofd, terwijl
je vechtend tegen de kleverige drol in je ondergoed, de
laatste adem uitblies? De verpleegster zei dat je bang
was als een wezel. Bang voor de dood, jongen, of hield
je ondanks alles na achtenzeventig jaar nog te veel van
het leven? We zijn toch lang de beste kameraden
geweest, nietwaar van der Heiden?
Toen ik helemaal uit mijn voegen in de bungalow

aankwam, mijn donkere pak uitdeed en met tegenzin de vragen van mijn echtgenote beantwoordde, wond ze zich plotseling vreselijk op. Héél uw familie is zo, zei ze, heftig in het rond stappend, mense zonder het minste gevoel in hun lijf, *slechte* mense, en d'ailleurs als *gij* zo voortgaat, zuld' even eenzaam sterven als vava, onsma zeg het wel honderd kere: Ik *herken* hem nie meer, vroeger zo ne zachte jonge, da moet de Kongo geweest zijn... Ze bidt ocharme alle dage voor u, als ze 't allemaal moest wete, een *beest* voor uw kindere, de grootsten egoïst dien ik ken, en over uw gedrag tegenover mij zulle we naar liefst van al zwijge... Opeens hield ze iets voor mijn neus en riep: En Wat Is Dà Meneer? Het was een lange blonde haar. Van Lisette. Die normaal in mijn portefeuille stak. Dat is een oud truukske, zei ik luchtig, inwendig trillend. Mijnheer-de-specialist in 't verzamele van haar en elke kleur is goe, ging ze door, bah *vuilen hond*, ge zoudt eens in de spiegel moete zien naar uw oge, weet ge dat er *nen duvel* in zit?

Door heel oppervlakkig te ademen kon ik op het nippertje voorkomen dat er gal in mijn bloed kwam, ik dwong me uit alle macht mijn vingers gestrekt te houden. In plaats van met één vuistslag haar neusbeen te breken, deed ik het volgende: Aan haar voeten knielen, ootmoedig het hoofd buigen, de handen vouwen, de woorden *vergiffenis* mompelen, *berouw* en *hemel me niet zo op*, aarzelend naar haar opkijken, waarop ze me woest snikkend een klinkende oorveeg gaf. Waarop ik schuddebollend (inwendig juichend) bekende: Eén-nul.

4° In een afgelegen gedeelte van het reservaat, waar zelden een mens kwam, had ik tijdens een dwaaltocht een miniatuurravijn ontdekt, bovenaan begroeid met kromme sparren, in de diepte mul zand met pollen duingras. Ik verborg de fiets van mijn schoonzuster altijd in een droge sloot, sloop ongezien, spijbelend, genietend naar de geheime plek, klom in de spar, die één kale overhangende tak had, dook in elkaar en bleef roerloos zitten als een uil, urenlang. Zoals altijd hadden de vogels en dieren geen vermoeden van mijn aanwezigheid. Eenmaal had een eekhoorn geen twee meter van mij op zijn dooie gemak een denneappel afgeknabbeld, een valk was als een pijl in het duingras gedoken en had met wilde hakbewegingen een muis verslonden. Met een droge keel had ik toegekeken, daarna met verdoofd heimwee moeten denken aan de vroegere jachtpartijen met Sopio en de pygmee op buffels, olifanten, antilopen, apen, parelhoenders in het voorbehouden Land van Herkomst der opgerichte primaten, die al vijftig eeuwen lang doodden om te overleven. Hoewel mijn echtgenote me reeds herhaaldelijk had gewezen op het onkruid dat volgens haar tot in haar oren groeide, riep ik telkens het doktersvoorschrift in en nijdig hield ze haar mond. Bovendien begon ik er verdacht goed uit te zien van het regelmatige zonnebaden, waar zij ondanks haar bruine huid een hekel aan had. De uren dat ik met de fiets verdween ergerden haar trouwens nog meer dan mijn namiddaguitstapjes naar Antwerpen.

Op een drukkende avond, net toen ik uit mijn boom wilde springen, kwam een grote haas het ravijntje in, stopte vlak onder mij, keek wantrouwig om zich heen, legde de oren plat en viel tot mijn verbazing in slaap. Uiterst voorzichtig strekte ik mijn benen en liet me pardoes op de haas vallen, ik hoorde hem kraken, hij spartelde even en bewoog niet meer. Dol van vrijheid en overal Hongaarse muziek in rode kringen om me heen, rende ik met de haas naar mijn fiets, wikkelde hem in het regenzeiltje en reed snel naar huis. Mijn echtgenote was in het achtertuintje bezig wasgoed binnen te halen, ik toonde stiekem de haas aan de oudste kinderen, die dansend van vreugde het nieuws aan hun moeder gingen melden. Vanwaar komt da konijn? vroeg ze met gerimpeld voorhoofd. Gevange, antwoordde ik. Waarda? vroeg ze. Ik: In 't reservaat. Zij: Gij wilt zeker in 't gevang gerake, begraaft da konijn subiet, zeg ik, ge moest *beschaamd* zijn. Ik: Er zit zeker drij kilo vlees aan. Zij: Gestolen goed gedijt niet. Ik: Gij had beter in de middeleeuwen geleefd, toen de graven en baronnen de stropers ter plaatse aan een tak ophingen en liete rotte. Zij: Begraaft da konijn subiet, zeg ik, wa moete de kindere denke? Ik: Hebbe z'u bij de scouts nooit het verschil geleerd tussen een haas en een konijn? Zij: Gaat 'm dan maar bij uw ma en uwe pa opete, die zijn d'ailleurs gewend om van gestole goed te leve. Ik: Goed, ik zal hem begrave, maar da leste hebt ge nie voorniet gezeid. Zij: Doe wada ge nie late kunt, want loontje komt nog wel 's om zijn boontje. Ik: Juist gezien. Waarop ik de haas begroef.

Sable rose, bleu pastel, gris moiré, vert tilleul, vert profond, turquoise, violine, brun givré, des ombres impressionnistes tendrement irisées, qui font les yeux rêveurs: ce sont les solos d'Orlane. En boîtier individuel, ils s'étalent en un clin d'œil à l'aide d'un petit applicateur mousse. Marie Claire

Lisette was plotseling niet meer op het afgesproken rendez-vous verschenen. In het Tropisch Instituut zei men dat ze er niet meer werkte. Op haar adres in het

Sint-Andrieskwartier trok een vrouw een raam van de tweede verdieping open en riep: Ze zit in de Begaainestrot! Voor ik begreep dat de gevangenis bedoeld werd, ging het raam weer dicht en aan mijn gebel werd geen gehoor meer gegeven. Twee uur vroeger dan normaal arriveerde ik in Putte en misschien was het hoofdzakelijk een reactie tegen de opgelopen teleurstelling die me aanzette tot wat ik die nacht deed. Of was het om de onrust te verdrijven die het vooruitzicht van de verveling meebracht?

Toen we in bed kwamen, liet ik me, in plaats van zoals gewoonlijk het licht uit te doen, grijpen door een affectiestorm, iets dat ik sinds 1942 niet meer had beleefd, toen ik in gedachten een jezuïetenpater de keel afsneed. Ik liet me niet afleiden door de weeë lucht die vanonder de lakens kwam, ik sloot me af van de wereld en begroef neus en tong in de harige spleet, likte verwoed, zoog het slappe weefsel naar binnen, kneedde het tussen tong en lippen, gebruikte ook zacht mijn tanden en na meer dan een half uur, toen de onderkant van mijn gezicht al lang naar schaaldieren stonk, prevelde ze watervlug: Oo, nu voel ik justetzelfde als in dien droom met den Engelse pilootoo... Ik kwam overeind en zag dat ze hijgde als een blaasbalg, haar gezicht en hals waren donkerrood met couperosevlekken, ze transpireerde hevig. Terwijl ik mijn gezicht ging wassen, dacht ik: Nu moet ik er zonder genade mee doorgaan, mijn wankele positie voorgoed stabiliseren. En vooral geen halve maatregelen. Terug in bed wou ik opnieuw beginnen, maar bijna onhoorbaar smeekte ze: Asjeblief Jo, ge moogt da nooitniemeer doen, op ne moment had ik echt schrik voormijnhart.

Vreemd, Man thy name is Frailty, voorzichtig legde ik mijn arm om haar schouder en begon te praten. Vaderlijk, met overreding. Dat ze toch zou moeten beginnen uitkijken naar nieuwe kleren, nieuw ondergoed, dure beha's die haar borsten die zwaar doorhingen van de drie bevallingen, voordeliger zouden doen uitkomen, desnoods haar uitgezakte buik plastisch laten opereren, haar kapsel aanpassen, want het werd tijd, betoogde ik vriendelijk, dat ze wat meer aandacht begon te besteden aan haar uiterlijk. Ze knikte geduldig. Bon, zei ze, volgende week ga ik dan stof kopen in de stad en naar Trezeke om wa nieuw klekens te late make, want zoals ge weet hebben ze mijn maat nie in de goei confectiewinkels. Schoenen en soutiens heb ik nog genoeg, maar een *straffere* gaine zou ik wel kunne gebruike. En uw haar? vroeg ik, wachtend op wat ze zou antwoorden. Ze antwoordde: Onsma ziet het gere gelijk het nu is... In orde, zei ik, en uw wenkbrauwe? *Wij* hebbe *thuis* allemaal zwaar wenkbrauwe en epilere is ongezond dadisgewete, maar ik zal mijn moustache wa regelmatiger met Veet soignere, ik zal het op 't lijstje zette. In orde, zei ik, maar dan moet ge 't ook *doen*. Het unieke familie-oog werd op mij gericht. Wa wilt ge daarmee zegge? vroeg ze wakker. In Kongo zeidt g'altijd ik zal dit en dat doen, maar g'had nooit genen tijd... Toen waren de kindere nog te klein, zei ze. Ik wachtte. Na enkele seconden was het er: Ik moet u apropos ook wa vrage: Onsma wilt van u niemeer eise da ge lid wordt van den Bond, maar het zou haar wel plezieren als ge same met de familie elke maand de Bondsmis zou wille bijwone. En mee tecemmuniegaan ... Uitwisseling van krijgsgevangene, zei ik, maar ik zal het doen. Erewoord? drong ze aan. Ik heb geen eer, antwoordde ik stereotiep. Ze moest even lachen. Dan is 't goe, zei ze, gaan we nu slape, want ik ben doodop. Wat we deden, althans zij. Terstond. En toen het

94

zachte gesnurk begon, gleed ik uit het bed, sloop naar het salonnetje, stak het licht aan, nam de blocnote en schreef, bibberend van de kou:

Hoofdpersoon: Harry
Plaats der handeling: Putte
Titel: Schroot
Harry steekt de zandweg over om in de schaduw van hoog bos links van de weg te komen. De dennen staan roerloos met zonneplekken hoog in de takken. Harry kijkt om, blijft staan en luistert. Het is zeer stil.

Omdat ik nauwkeurig wist wat ik de volgende dag zou schrijven, sloot ik de blocnote, deed het licht uit en ging naar buiten. In de tuin was het kil en vochtig. Ik ging weer naar binnen, deed een broek aan, een trui, hoorde opeens duidelijk het gesnurk vanuit de slaapkamer opklinken, ging naar de keuken, vulde een glas met water en nam twee slaappillen. Ging opnieuw naar buiten. Nacht. Windstil. Sterren. Geur van ligusterbloesem en hooimijten. Nat gras. Geen moeraskrekels, geen klokjespadden, geen geur van rotte humus en paarse grijparmen. Ik ging plat op mijn buik liggen in het natte gras en riep om Julie tot ze naast me neerdaalde. Ik nam haar hand en beloofde haar dat ik na het schrijven van mijn tweede boek naar Kongo zou weerkomen om voor altijd bij haar te blijven, dat *zij*, Julie Yenga, de hoofdfiguur van het boek zou worden, dat het een boek van heimwee en verlangen zou zijn, dat ik langzaam doodging in dit koude land zonder zon, ruimte, savannen en oerwouden, en een inwendige stem, *haar stem*, antwoordde op alles wat ik zei en haar hand streelde mijn nek en kneedde mijn schouderspieren en in elkaars armen vielen we in slaap.
Ik werd wakker gepord door mijn echtgenote, die me aandachtig, met gerimpeld voorhoofd vanaf een stoel zat aan te kijken. Totaal versuft sloot ik opnieuw de

ogen om door te slapen, maar scherp zei ze: Manneke, deze keer gaat g'er zo goekoop nie van afkome, deze keer eis ik *een explicatie*. Ik knikte. Met gesloten ogen vernam ik dat ze omstreeks halfvier in de ochtend was opgestaan om me te zoeken. Dat ze me druipnat uit het gras had doen opstaan, me had uitgekleed en naar bed gebracht. En dat het *kwart vandentiene* was. Ik zei dat ik er absoluut niets meer van wist. En van wa *daarvoor* gebeurd is, daar weet ge zeker ook niks nie meer van? ging ze door. Wat bedoelt ge met *daarvoor*? vroeg ik. Wa da ge *metmij* gedaan hebt! Ik reageerde niet. Weet ge da'k nog nooit van m'n leve zo bang ben geweest, zei ze hijgend, g'had u moete bezig zien, just nen abnormale... Wa bedoelt g'eigenlijk met abnormaal? vroeg ik. Hangt nu den onnozelaar nie uitéé. Ik zei: Gisterenavond ben ik aan een nieuwe roman begonne. Ze stak de armen in de hoogte, liet de handen met een pats op de dijen vallen en riep: Da's voor 't sluite van de Van Dijckfeeste! Ge denkt toch zeker nie da g'uw drij kindere zult kunne blijven onderhoue met *boekeschrijve*? Ik begin te gelove da ge best 's naar ne psychiater zou gaan. Ik: Laat m' asjeblieft in alle rust en stilte mijnen boek schrijve, of ge zou wel 's gelijk kunne krijge kwestie van die psychiater.

Waarop ze in een huilbui uitbarstte en bruusk de slaapkamer verliet.

Op 11 augustus kwam de bakker onverwacht een verjaardagstaart afgeven met één kaarsje. Dat mijn echtgenote samenzweerderig aanstak en me verzocht uit te blazen. Dadizomdadonzepappaééénjaarthuizis, juichte mijn oudste dochtertje, om me heen dansend met haar broertje. Dat-had-ge-nie-moete-doen, fluisterde ik. Toch wel, antwoordde mijn echtgenote stralend. Ze interpreteerde mijn gedempte stem als een teken van ontroering. Ten onrechte, want op de seconde zelf kreeg ik een dermate sterk gevoel van nostalgie dat ik van de taart geen hap door mijn keel kon krijgen, wat teleurgesteld commentaar uitlokte. We waren toen al enkele dagen verhuisd naar een aangrenzend pand op geen vijftig meter van het bungalowtje. De familie kwam naar jaarlijkse traditie *opcongépayé* en dat betekende van smorgens tot savonds bruisende activiteit, waar ik alleen op 15 augustus (*met Sainte-Marie*) officieel aan moest deelnemen. Onze nieuwe kamers boden als het ware nog minder comfort dan het vroegere verblijf en toen ze de eerste keer op bezoek kwamen, zag ik de verbijsterde blikken van mijn ouders. Wat mij echter vooral beviel was het kamertje waar ik me kon afzonderen om te schrijven, de rest kon me niet schelen. Mijn gezin zelf zorgde trouwens ook voor de nodige rust. Het was vrijwel alleen thuis om te eten en te slapen. De overige uren werden prettig bij neefjes en nichtjes, nonkels en tantes doorgebracht plus de bomma en den bonpa, die goedlachs van de algemene drukte meegenoten. Aan mijn excentrieke gedrag werd althans schijnbaar geen aandacht geschonken. Wanneer ik af en toe verscheen, werd ik luidruchtig verwelkomd en gul in de vakantievreugde opgenomen. In 1960 had ik mijn toevlucht gezocht in luminal, nu was het een psychische kramptoestand die ik zo zorgvuldig mogelijk in stand probeerde te houden. Totaal vervreemd tussen objekten dwalen en in een mythische werkelijkheid leven via mijn boek, me hullen in de grootst mogelijke onverschilligheid en tegelijk verscherpt alles om me heen registreren en opslaan. De enige keer dat ik me blootgaf, was tijdens het Bondsmisdéjeûner dat ik beloftegetrouw bijwoonde. Het eindeloze geklets over de aangetrouwde tante die best zou doodgaan zodat haar aanzienlijk vermogen *aan de Familie* zou toekomen, werkte dermate op mijn zenuwen, dat ik het gezelschap vriendelijk verzocht eens één enkele keer over *dingen* te praten en niet eeuwig en altijd negatief over personen. Alleen mijn echtgenote moest zich inhouden, de anderen maakten er zich vrolijk over, er werd eens hartelijk gelachen en het geroddel begon opnieuw.

Toen op 15 augustus de geschenken onder het zingen van liederen met rondedansjes aan de moeders werden overhandigd, hield mijn schoonmoeder even mijn hand in de hare en zei bewogen: Jongen, ik wens uitdegrondvanmijnhart da ge nu rap werk zult vinde... Zeker, ma, beaamde ik.

Op 18 augustus meldde mijn echtgenote dat we *mits veurspraak* een goedkoop appartement konden huren op de elfde etage van een groot gebouw van zesennegentig *sociale flats*, gelegen op minder dan een kilometer van waar we nu woonden. Datum van beschikbaarheid: 1 oktober. In orde, zei ik, doe maar. Jamaar. zoniejéé, zei ze, ik wil nie dezelfde farce gelijk verlee jaar... Welke farce? vroeg ik. Hewel, zegge da ge liever op den buite zou wille wone. Neenee, beloofde ik, ge moogt gerust zijn.

Toen we enkele dagen later naar Antwerpen gingen, bezochten we de nieuwe flat, die nog niet helemaal klaar was. Ik liep onzeker door de hol klinkende betonnen vertrekken, opende een aluminium raam, keek in de duizelingwekkende diepte, hoorde ver weg het verdoofde stadslawaai, zag het asfalten lint met de zich voortspoedende speelgoedautootjes en sloot het raam. We daalden af met de biezonder ruime lift, kwamen in de ziekenhuishal, openden de glazen deur, keurden de brede trappen. Chique, zei ik. Ze keek me scherp aan. Meent ge 't of meent ge 't nie? vroeg ze. *Natuurlijk* meen ik het, zei ik. Op weg naar de familie-naaister (om enkele nieuwe jurken te passen zoals over-eengekomen) liepen we door een drukke winkelstraat voorbij een schoenzaak. Ik wees naar een modieus model met naaldhakjes, dat ik mooi vond. In zoiet krijg ik zeer voete, zei ze, en d'ailleurs da wordt alleen door *'t gemeen soort* gedrage. In het uitstalraam van een parfumerie zag ik doosjes oogschaduw liggen en vroeg haar of ze geen zin had om enkele kleuren te kiezen. Wa denkt ge wel, replikeerde ze gebelgd, dat 'k *een hoer* ben? Nee, dà zeker nie, zei ik en we stapten flink door om op tijd te zijn bij Trezeke.

Ik moet nu eenmaal voor schut staan;
waarom zou ik mij dan tevergeefs afbeulen?
Job 9 : 29

Op 1 september kwam een nieuw element het gunstig evoluerende bestel versterken: het oudste dochtertje was schoolplichtig geworden en dat betekende om te beginnen veel vroeger en volgens een vast schema op-staan. Haar broertje zou naar de aanpalende kleuter-school gaan. Het was vanzelfsprekend *katholiek* onderwijs en bovendien het instituut dat hun moeder indertijd nog had bezocht. De beslissing van de keuze werd me meegedeeld toen ze reeds was genomen. De opvoeding van de kinderen was immers haar voorbe-houden domein en daar hield ze zich aan als een kip aan haar stok. Voor de gelegenheid werden reglemen-taire uniformpjes aangeschaft. Donkerblauw rokje, witte bloes, witte kousen, zwarte schoentjes, witte handschoenen voor het vrouwkindje, dito voor de kleuter behalve het rokje. De eerste dag van het schooljaar werden ze door beide ouders begeleid om de delicate overgang te vergemakkelijken. Het dochtertje stapte parmantig de poort binnen en wuifde nog even alvorens te verdwijnen, maar zoonlief weerde zich als een varken in het slachthuis. Het jongste dochtertje zat vanuit de *poussette* de zaak aandachtig gade te slaan. Op weg naar huis moest mijn echtgenote huilen vanwege het verdriet van haar zoon. Oedipoespoespoes, zei ik, Malcolm Lowry citerend, maar ze kon er niet om lachen en thuis mokte ze terwijl ze weliswaar vaardig objecten in kartonnen dozen rangschikte volgens lijsten met het oog op de verhuizing. Ik schreef met stopjes in de oren vanwege de verkeersdrukte op enkele meters onder mij en het jongste dribbelde rond en taterde onophoudelijk met haar mamma, die ze nu helemaal voor zich alleen had en die zoals altijd geduldig en lief was. Omstreeks halfelf verdwenen ze beiden om boodschappen te doen, terloops een bezoekje aan de bomma te brengen en op de terugweg de twee nieuwbakken scholieren op te pikken, een volgorde van handelingen die vanaf de eerste dag bepaald werd en waarvan, dat wist ik met grote zekerheid, zelden meer zou worden afgeweken. Om kwart voor twaalf stak ik het gas aan onder de groenten & aardappelen die klaar stonden en om vijf over twaalf werd de sleutel van de voordeur omgedraaid met onmiddellijk daarop de aanstormende kinderen, nerveus en opgewonden van de eerste schoolervaringen. Tafel dekken, soep opwarmen, vlees braden, middagmaal opdienen, eerst een kruiske plus kort dankgebed, eten met opgewekt gepraat waarbij de pappa zoals altijd biezonder zwijgzaam was, maar dat waren ze gewend. Het oudste dochtertje had een gezonde eetlust zoals haar moeder, het broertje zat echter meestal te kieskauwen en liet meer dan de helft op zijn bord. Streng zei ik: Opete, jonge. Waarna hij schuw naar zijn mamma opkeek, die hem over zijn kopje aaide en zei: Kom ventje, probeert nog een happeke, ge moet toch grootensterk worde gelijk de pappajéé? Maar het ging niet en zijn onderlip begon te trillen met kort daarop een door merg en been snijdend gegil, aalvlug liet hij zich uit zijn stoel glijden en ging zijn hoofd tegen de warme dij aan leggen om uit te snikken. Wat vervolgens gebeurde hing af van mijn humeur. Hem uitlachen of hem met een smak terug op zijn stoel deponeren, de vork in zijn hand drukken met het bevel zijn bord als de wind leeg te eten. Grote ogen van de twee andere kinderen, samengeknepen lippen van de moeder, hortend gesnik van de naamdrager, die het meestal vertikte nog een hap te doen, wetend dat hij in elk geval onderweg naar school toffees of chocolade zou krijgen, waar hij gek op was. Om halftwee aankleden en met de mamma naar school, de jongste naar bed voor het middagslaapje, ik alleen. Wanneer ze de deur uit waren, één of meer slokken van de cognacfles die achter de encyclopedieën verborgen stond, aan het raam gaan staan, met half uitgeschakeld bewustzijn het voorbijrazende verkeer volgen, naar de lage hemel kijken, regen of wolken-met-wat-blauw, me in de fauteuil laten zakken, de benen strekken, de ogen sluiten, proberen niet meer te denken. Tot op het ogenblik dat de sleutel opnieuw werd omgedraaid en we de blikken zouden kruisen, voor het eerst van de dag weer zogenaamd alleen met z'n tweetjes.

Begin oktober. We hadden net de nieuwe flat betrokken en mijn schrijfritme was door de verhuisdrukte totaal ontregeld, wat me biezonder prikkelbaar maakte. *Geluiden* werkten meer dan iets anders op mijn zenuwen. De constructie van het betonnen gebouw bleek dermate goedkoop dat de wanden, plafonds en vloeren meer van een klankkast weg hadden dan van geluidsisolatie, iets waar volgens de reclamefolder extra zorg aan besteed was. In een goede bui had ik de kinderen hard doen lachen door te zeggen dat ik op een nacht wakker was geschrokken van iemand die drie verdiepingen hoger in zijn slaap een scheet had gelaten. Gewoontegetrouw was mijn oudste dochtertje het onmiddellijk aan de mamma gaan doorvertellen, die zich geërgerd had aan het woord scheet. In haar familie sprak men van een wind, een protteke of snuffelde men betekenisvol in het rond. En het was weer van: Welke voorbeelde geeft g'aan de kinderen. Enzovoort. Toen ik sarcastisch de scheet verving door *de chasse van het toilette*, was de maat weer eens vol. Ze dacht uitgerekend dat ik een allusie maakte op de ouderwetse plee bij haar thuis. Ze kleedde de kinderen aan en ging naar haar moeder. Zoals altijd keerde ze enkele uren later zichtbaar tevreden terug, maar ik paste dubbel op. Die keer hoefde het niet, meteen wist ik hoe laat het was. Ze haalde het advertentieblad van de Gazet van Antwerpen te voorschijn, tikte met de wijsvinger op een met inkt aangestreepte *plaatsaanbieding* en zei: Hier, da's iet voor u. Caltex Belgium te Brussel vroeg een Sales Manager, het moest zoals altijd een jong, enthoesiast, dynamisch, volledig tweetalig element zijn met kennis van het Engels en er werden schitterende toekomstmogelijkheden in het vooruitzicht gesteld. Ik heb daarvoor geen geschikte studies gedaan, zei ik, mij kunnen ze voor zoiet nie gebruike. Snel antwoordde ze: Onsma vond dat het ietvooru was, bij u thuis was 't d'ailleurs garage en dat is dezelfde branche. Ik: Het matriarchaat slaat weer toe, zei ik. Zij: Ja, en dan? Ik: Vindt ge nie dat uw moeder een beetje te ver gaat? Zij: Ze zit er verschrikkelijk mee in da ge nog geen werk hebt. Ik: Dat is mijn zaak, dacht ik. Zij: En uw gezin dan, denkt ge soms da'k de kruidenier en den beenhouwer *met pééschijve* kan betale? Ik: Dat is mijn zaak. Zij: G'had eigenlijk veel beter bij uw make gebleve, *bedorve kind*! Ik: Laat mijn moeder er asjeblief buiten. Zij: Enig zoontje! Ik: Eén van deze dagen maak ik er één-één van. Zij (triomfantelijk): Hij die zijn vrouw slaagt, verliert zijn rechte. Ik: Goed madam, morgen eerste werk bel ik Caltex Belgium op, doe mijne schoonste plastron aan en ga me plat op de grond legge. Zij: Ha toch, hoe is 't godsmogelijk?

Een hoge marmeren hal, een portier met kepi, ouderwetse lift, antichambre, een half uur wachten, secretaresse, dubbele deur, het ruime bureau met tapijten, acajou meubilair, één enkel schilderij voorstellend een petroleumraffinaderij met oceanen, tankschepen, rookslierten, onweerswolken, wereldomvattend. De directeur, een uiterst verzorgde, vriendelijke, kale man die Frans sprak met een Brussels aksent en heel dunne sigaartjes rookte, paarse roset in de revers van een krijtstrepenpak. Hij vroeg na enkele bijkomende inlichtingen over mijn curriculum vitae dat voor hem in een map lag, totaal onverwacht *de basisprodukten van steenkool*. Ik schrok en noemde uit het geheugen teer, waarna hij knikte. En asfalt, waarbij hij een pijnlijk gezicht trok. Asfalt is een oxydatieprodukt van aardolie, verbeterde hij. Ik wachtte. Et du benzol, vous n'avez jamais entendu parler de benzol? vroeg hij. Nee, zei ik. Het bevat benzeen, tolueen en xyleen, legde hij uit. Ik knikte welwillend. Hij dacht even na en zei: Veronderstel nu 's even dat we u er op een mooie dag opuit zouden sturen om in zekere streken van ons land benzinestations op te richten voor de firma... kijk (en hij tikte met een gouden ballpoint op een velletje papier) hier hebt u op de as AB die Brussel met Oostende verbindt vijf mogelijke punten, welnu? Ik wees zonder na te denken het punt vlakbij Brussel aan. Goed, zeer goed, zei hij, en aan welke kant van de weg? Rechts als je naar Oostende toe wilt, zei ik. Uitstekend, antwoordde hij. Toen keek hij me glimlachend aan en vroeg: Mag ik u ook vragen *waarom*, meneer Geeraerts? Ik hield mijn adem in en zei: Intuïtie. Hij begon hartelijk te lachen. Mijn beste meneer, zei hij, feeling is in de zakenwereld een kostbare gave, maar we moeten toch voorzichtig blijven, nietwaar? Als *ik* bij voorbeeld in een rapport zou schrijven: Ik heb deze beslissing genomen omdat ik voelde dat het de goede was, enfin, dat zou erg sceptisch onthaald worden door de leden van de beheerraad van onze firma, denkt u ook niet? Dat vrees ik ook, gaf ik toe, opeens diep moedeloos. Nog een laatste vraag, zei hij opgewekt. Veronderstel even het volgende: Het is winter, opeens begint er een koudegolf, de aanvoer van gasoil voor centrale verwarming is erg vertraagd en een zeer goede kliënt van de firma staat op het punt zonder gasoil te komen. Schrijf hem een brief in beide landstalen om hem op een voor de firma zo voordelig mogelijke wijze de situatie uit te leggen. Ik zei: Doet u maar geen moeite meer, meneer de directeur, ik geef het op. Hij zuchtte en trok zijn voorhoofd in rimpels. Nou, dan hebben we weer 's kostbare tijd verloren, zei hij, maar hij bleef hoffelijk. Ik weet eigenlijk niet goed wat jullie ex-kolonialen bezielt, zei hij, het is een merkwaardig fenomeen, het is alsof jullie absoluut geen zin hebben om in de Belgische gemeenschap te worden opgenomen. Niet alleen ik stel het vast, ook collega's van andere firma's. Mag ik u 's een vraag stellen, meneer Geeraerts, want u bent me erg sympathiek: Wàt precies maakt jullie zo onverschillig, zo nonchalant? Ik keek hem in de ogen en zei: We zijn allemaal min of meer ziek. Verbaasd herhaalde hij: Ziek? Ja, ziek van onder de palmbomen te lopen, zei ik met een lachje, maar wie de tropen niet kent, kan daar niet bij. Hij knikte ernstig. U zult zich toch één keer moeten aanpassen... Inderdaad, beaamde ik. Hij stond op, drukte me de hand en zei: Als ik ooit iets voor u kan doen... Ik dankte hem en liep over het Perzische tapijt het bureau uit naar de witmarmeren trap met de koperen leuningen, groette de portier die een krant zat te lezen onder een bronzen bas-reliëf ter ere van de leden van Caltex Belgium Morts Pour La Patrie Gestorven Voor Het Vaderland. Op de brede boulevard suisden de auto's voorbij. Ik slenterde tot aan de Wetstraat, stak over en liep als door een maanlandschap langs de ministeries, het Parlement, de Koningsstraat, in de richting van het Centraal Station.

En wagens zult gij duwen tot uw heil
door dit land, in heel zijn lengte.
Job 47 : 11

Haar sterrenbeeld de Ram waardig, vroeg mijn echtgenote zich na een maand niet meer af of Caltex Belgium al dan niet positief zou reageren. Het was voorbij en dus moest zo gauw mogelijk iets anders bedacht worden. Dat ik de zaak opzettelijk verkorven had, wist ze natuurlijk niet. Zou ik toch best geen ambtenaar worden zoals haar vader, met een vast loon en een vast pensioen? Zou ik me dus niet laten inschrijven voor het staatsexamen van het Vast Wervingssecretariaat, dat in januari bestuurssecretarissen aanwierf? Maar zou ik intussen voorallevalleveur ook niet enkele pogingen aanwenden in de handels- of banksector? Nu ze in haar nieuwe flat, haar droom, eindelijk *op haar plooi* kon komen, ontwikkelde ze een koortsachtige activiteit. Ze zong urenlang het hoogste lied, zodat ik alleen met stoppen in de oren kon lezen of schrijven en alsof dit nog niet voldoende was, zanikte ze om nieuwe meubelen, nieuwe winterkleren voor de kinderen, nieuwe lakens, nieuwe gordijnen, nieuwe dekens, vroeg om de haverklap, kartonnen dozen en kisten te verplaatsen, want het moest *tiptop* zijn, ik moest houten rekken timmeren in de kelder, ze raadpleegde reclameblaadjes, ondernam tochten naar winkels waar koopjes te doen waren, kwam beladen als een muilezel terug naar huis en viel savonds doodmoe achterover in bed. Alleen op dat ogenblik was er voldoende rust om te proberen een letter op papier te zetten. Meestal was ik te gespannen of had er niet genoeg energie voor en ging ik aan de cognac. Als het toch een keer lukte, schreef ik tot de dag in de lucht kwam en bleef slapen tot de kinderen van school thuiskwamen, waar ze publiekelijk schande over sprak. Ik vroeg me af of mijn echtgenote uit werkelijke aandrang handelde of gewoon om stokken in de wielen te steken. Dat ik schreef zat haar nog altijd even dwars als vroeger. Het is 't hope dat het na dien tweeden boek voorgoe gedaan is met da geschrijf, zei ze eens. Hiermee bewijst ge da ge nie de minste notie hebt van wa schrijven eigenlijk betekent, antwoordde ik. Een oeverloze woordenwisseling volgde, waarna we meer dan ooit op ons eigen standpunt bleven. Ondanks alles bleef ze echter een opvallend geduld aan de dag leggen, wat haar vastberadenheid dubbel gevaarlijk maakte. Het leek alsof ze van iets heel zeker was geworden.

Wat ze in die dagen begon te doen: meer aandacht besteden aan alles wat met eten te maken had. In haar familie werd traditiegetrouw goed gegeten, de kwaliteit van het voedsel was bijzaak, maar de hoeveelheden die verstouwd werden, hadden mij altijd met stomheid geslagen. Honderd pannekoeken voor zeven mensen waren bij voorbeeld geen uitzondering, om van het aantal aardappelkroketten maar te zwijgen. Qua hoeveelheid had ik bij mijn echtgenote dus niet te klagen, maar ik was een kleine eter en vooral de smaak interesseerde mij. Daarin kwam nu opeens verandering. Meer boter en eieren in de sausen, meer variatie in vis en vlees, uitgebreide nagerechten, bonbons, slagroom, koekjes. In één maand kwam ze twee kilogram bij, vooral de bovenarmen, hals en gezicht verdikten zichtbaar. Haar van nature dikke huid en zware uiteinden kwamen extra bij, wat haar in de eerste plaats verouderde. Zonder gaine hing haar buik in drie plooien. Lachend placht ze er klopjes op te geven. *Mijne lard*, noemde ze het vet. Met de nieuwe gaine, die doorliep tot bijna onder de oksels, werd het overtollige vlees omhooggeperst, zodat het in kussentjes boven de rand uitpuilde. Ze had nog altijd dezelfde reeks van 12 witte broeken, waarvan het geribde katoen na zeven jaar nauwelijks enige slijtage vertoonde. De make up bleef beperkt tot een snel veegje rouge, geen sprake van epileren, wimpers of oogleden bijwerken, kapsel veranderen. De kleren die de familienaaister maakte, waren fantasieloos en zedig. Kwezelkleren, zei mijn vader hoofdschuddend, hoe is 't in godsnaam mogelijk? Het enige wat biezonder slank en gaaf bleef waren haar benen en onderarmen, waarvan de huid glad en lichtbruin was als van adellijke Spaanse dames. Ze was slechts vijfendertig, maar met haar statige, ietwat schommelende gang, leek ze een vrouw van middelbare leeftijd, naast wie ik een soort spring-in-'t-veld leek, overslank en moeiteloos bewegend als een lange afstandsloper. Op de flat droeg ik meestal kaki shorts en uniformhemden met korte mouwen en lusjes voor schouderstukken. De pappa denkt nog altijd dat hij in Kongo is, zei ze af en toe tegen de kinderen. Toen ik eens zo gekleed met de lift naar de hal wou afdalen om de ketel uit het kastje te halen, die de soepboer had gevuld, vroeg ze of ik nu hélemaalzot was geworden. Ik veranderde zwijgend van kleding en ging naar beneden als een normaal mens.

Zot was een woord dat in haar mond bestorven lag. Ze ging blijkbaar uit van het standpunt dat zij en degenen die haar opvattingen deelden, zich het recht konden toeëigenen algemeen geldende gedragspatronen voor te schrijven. Ze had dan ook een opvallend gebrek aan respect voor de ideeënwereld van andersdenkenden, die ze spottend tot de laatste steen afbrak. Mijn wereld met de hare confronteren was al even afmattend als uitzichtloos. Ik meed voortaan elke vorm van discussie. In Putte had ik enkele uren per dag in de natuur kunnen ontsnappen om op krachten te komen. Eenmaal opgesloten achter het thermopan-glas van de Antwerpse flat op veertig meter boven de zeespiegel, terwijl buiten de herfst in alle hevigheid woedde, kon alleen een uiterlijk stoïcisme me nog redden. Met een zogenaamd geduldige glimlach overal mee instemmen. Alles over me heen laten gaan. Geen enkel initiatief nemen in materiële zaken. Me geen zorgen maken over de toekomst en wat anderen eventueel van me dachten. Zoals in augustus 1960 bleef iets me aanzetten, de situatie voorlopig te aanvaarden zoals ze was. Me vooral niet definitief in loonverband laten inlijven. Schuldgevoelens verre houden. In functie leven van de weinige uren dat er rust over de flat kwam. Dan proberen te schrijven. Het spooksel Kongo langzaam uitdrijven. Merkwaardig: de concrete beelden uit het verleden begonnen te vervagen. Julie en de andere zwarte vrouwen werden lieve herinneringen die ik koesterde door er met niemand over te praten. Het vreemde gevolg was dat ik sexueel nog nooit zo weinig behoeften had gehad. Na Lisette had ik geen vrouw meer gekend en de zeldzame keren dat het, louter via gelegen opkomende geslachtsdrift, tot paren kwam, walgde ik daarna evenveel van mezelf als van het lichaam naast mij, dat voortaan steeds maar zwaarder en lelijker zou worden. In eten kende ze allengs geen maat meer. Toen ze na het verzetten bij haar thuis van een dozijn wafels met suiker en slagroom, de badkamer van de flat onderkotste, hielp ik haar in bed, ging met de lift naar beneden, liep het parkje in, ging op een bank zitten, dook in elkaar en liet de nachtelijke koude tot in mijn geraamte dringen. Terug op de flat, dronk ik de halfvolle fles cognac uit en viel in de fauteuil in slaap. De volgende ochtend verweet ze me dat ik naar alcohol stonk, over de besmeurde badkamer werd niet gerept, dat was een ongelukske na de *wafelenbak*.

In die dagen begon ze ook een opvallende regressie te vertonen naar alles wat met haar padvindsterstijd te maken had. Alsof dat het enige was wat ze werkelijk had beleefd. Haar vader deed hetzelfde met zijn legerdienst, waar hij had leren paardrijden. Dat mijn echtgenote geregeld stapliederen zong, verdroeg ik, maar toen ze op een avond naar een vergadering van Oudgidsenleidsters *van de 4* ging en me honderduit verslag uitbracht van hoe *plizzelollig* het geweest was en die was met die getrouwd en ze hadden allemaal minstens drie kindjes en enkelen waren opnieuw in verwachting en ze noemden elkaar bij hun totem en graad zoals vroeger, liet ik voetstoots verstek gaan toen ze zei dat de echtgenoten & kinderen verwacht werden op het aanstaande Sinterklaasfeestje. Het unieke familie-oog werd op mij gericht. Ik heb ons al ingeschreve, zei ze, ge zou dus best meegaan, het is een kinderfeest en geef toe dat g' ook nog vader-van-drij-kindere zijt... Da geef ik toe, maar ik ken niemand van die mense, zei ik, na lange tijd opeens vastberaden. Ze schrok. Dus ge blijft bij uw standpunt? Ik: Zoals ge zegt. Ze kreeg rode vlekken in haar hals, kneep de lippen samen en zoals gewoonlijk veranderde ze abrupt van onderwerp. Apropos, de pastoor heeft gevraagd om in denadvent alle zondage tecemmunie te gaan *tot eerherstel*... Ik: Eén keer per maand is genoeg, vind ik. Zij: Lauwe katholiek. Ik: .... Zij: Ik wil bescheid in die zaak. Ik: .... Zij: Hebt ge nie goe verstaan wat ik gezeid heb? Ik: ....

Op 6 december 1961 vergezelde ik mijn gezin naar het padvindsterslokaal waar het Sinterklaasfeest werd gehouden in een onbeschrijflijke drukte van uitgelaten kinderen, liedjes, spelletjes, gekrijs, gejoel, gejuich, handgeklap, de taarten die we zelf peperduur hadden betaald (voor een goed werk) werden na een recht-staand gebed door de proost met liters cichorei en cho-colademelk verorberd, de echtgenoten waren meestal ex-padvinders, toffe kerels met een gezonde kijk op de dingen, luidkeels werd van Sarie Marijs gezongen en What Should We Do With The Drunken Sailor, arm in arm werd ook hossend verbroederd waarna om zeven uur met het scoutsgebed afscheid werd genomen, de kinderen waren immers doodmoe en gingen met de mamma's en de pappa's naar huis. De leus van de avond was Eens Scout Altijd Scout, en mijn echtgenote raakte maar niet uitgepraat over de O.G.V. van de 4 waar ze inmiddels lid van was geworden. Terloops had ik tijdens het feest gemerkt dat ze vooral aanpapte met vriendinnen wier echtgenoot een goede betrekking had, en hoe terughoudend ze was geweest betreffende mijn economische situatie. We waren trouwens de enigen die geen auto hadden. Ze zullen zich zeker afgevraagd hebben wat die kettingrokende ex-koloniaal in hun midden kwam doen, die niet meezong en afwezig antwoordde op wat ze zeiden.

Elke zondag van denadvent woonde ik ook de gezamenlijke mis bij *tot herstel van onze beledigingen* met tot slot de hardop gebeden *akte van ereboete aan 't Allerheiligste Hart van Jezus*. Vlak voor kerstmis gingen we zoals in 1960 te biechten bij de onvermijdelijke Dominikaan. Ik zei dat ik ongeveer vijftien keer te communie was geweest in staat van doodzonde. Ik zag hem ineenkrimpen. En... hebt u berouw? vroeg hij zacht. Nee, zei ik. Waarom komt u dan biechten? vroeg hij. Omdat mijn vrouw mij ertoe dwingt, zei ik. Hij zuchtte. Ik mag u in dit geval geen absolutie geven, zei hij, maar zoudt u beter niet eens apart bij mij komen, samen met uw vrouw? Neen pater, dank u wel, zei ik. Beste vriend, ik zal elke dag voor u bidden, beloofde hij. Ik stapte de biechtstoel uit. Daarna was het de beurt aan mijn echtgenote. Het duurde zeer lang. Toen ze uit de biechtstoel kwam, zag ze er tien jaar ouder uit. Ze bad zeker een kwartier lang met de handen voor de ogen. God, dacht ik, laat de berg nu asjeblief zo hoog worden, dat ik er niet meer over kan kijken, Dame Met De Waaier, laat de maat zo gauw mogelijk overlopen. Op weg naar huis zei ze geen woord. Thuis nam ze twee aspirines alvorens naar bed te gaan. Twee dagen daarop toonde ze me een brief van de Dominikaan, die met de post was aangekomen. Hij was elke avond van de week vrij om ons te ontvangen. Ga maar alleen, zei ik. Da zàl ik doen, antwoordde ze met in haar blik zoveel verachting dat ik ervan onder de indruk kwam. En ik ga ook zo rap mogelijk naar een hartspecialist, zei ze beschuldigend, soms is 't ofda 'k ga stikke. Ik knikte. Eet wa minder, zei ik. Smeerlap, spelde ze fluisterend. Il n'y a que la vérité qui blesse, zei ik.

Tijdens oudejaarsavond bij haar thuis, waar recht tegenover mij het spastische Gertje een astma-aanval doorstond, werd ik op zeker ogenblik vriendelijk maar dringend verzocht op te houden met drinken. De fles cognac werd metterdaad buiten bereik op de buffetkast gezet. Terwijl men de stilte kon snijden, hield ik met hevig kloppend hart mijn schoonmoeder in het oog, want het was de eerste keer dat ze zich niet beheerste. En ik hoop vooral, jonge, zei ze waardig, da ge volgend jaar met nieuwjaar *een plaats* zult gevonden hebbe. De spanning werd gelukkig gebroken door de jongste broer die hortend van de zenuwen uitriep: In de Grand Bazar vrage ze tegenwoordig los personeel om de wageskes van de Supermarkt bijeen te douwe, ge zoudt dàar misschien 's kunne gaan sollicitere! Waarop luid gelach lorsbarstte en ik in een wirwar van suizende kringen (terwijl ik opnieuw de jonge neger met zijn gezicht in het zand drukte tot hij niet meer bewoog) voelde hoe iemand me minzaam op de rug klopte.

23 juli 1977
De Here is nu mijn troost,
Als Hij roept, ben ik klaar.
Klaagliederen 3 : 6

Binnen zes dagen is de periode verstreken waarin de tegenpartij beroep kan aantekenen tegen het vonnis van echtscheiding. Gezien de zogenaamd onomstootbare bewijsgronden erg onwaarschijnlijk, maar men kan nooit weten, waarschuwde mijn advokaat, beledigde echtgenotes zijn tot de meest absurde reacties in staat.

Ik *voel mij intussen allesbehalve beledigd, maar nooit had ik mezelf in staat geacht tot de kleingeestige uitvoering van een reeks punten, die uitgerekend op een fiche genoteerd staan.*

− *Ons huwelijkscontract per brief terugsturen, elke gewaarmerkte pagina met een zwarte viltstift ongeldig gemaakt,alsof het laatste nog nodig was.*

− *Haar schriftelijk verzoeken mijn naam naast haar telefoonnummer te laten schrappen zodat de P.T.T.-gids 1978 van Antwerpen geen belachelijke combinatie meer vermeldt.*

− *Mijn naam van haar postchequenummer laten schrappen.*

− *Haar naam van mijn ziekenfondsboekje laten schrappen.*

− *Gaan controleren of mijn naam nog altijd naast haar belknop prijkt en desnoods ter plekke maatregelen nemen.*

− *Als het me invalt, haar even opbellen om te horen of ze nog altijd met mijn naam antwoordt en haar desgevallend wijzen op haar ontstellend gebrek aan zelfrespect.*

*Haar verbieden een trouwring te dragen kan ik niet,
maar gezien haar rotsvaste principes terzake zou het
me niet verbazen als ze er tot vlak voor het graf mee
bleef rondlopen. Of twee ringen symbolisch aan één
vinger zoals sommige weduwen, voor het geval ik het
eerst het hoekje omga.*

*Met een loupe kijk ik naar het laatste kiekje dat ik van
mijn ex-echtgenote bezit. Zomer 1963. In de tuin van
mijn ouders. Ondanks het strenge dieet-op-dok-
tersvoorschrift verbreed en kwabbig. Eenvoudige
mouwloze jurk in blauwe stof met afzakkende buste.
Witte sandalen. Ondanks het mooie weer nylonkousen
(geen panties) soms aan de binnenkant van de dij
wegens het wrijven van een rond gat voorzien. Zakdoekje dat ontelbare keren per dag wordt gebruikt,
gewoontegetrouw in de ceintuur. Het verstarde familielachje om de lippen. Ondanks haar zevenendertig
jaren een onderkin. Geen ronde vetplooi, eer padach-
tig van kinpunt tot keel zodat de hals korter lijkt dan
hij is. Het laatste ontdek ik dank zij de loupe: het witte
bandje van haar beha dat afhangt omdat ze nog altijd
nalaat haar buste efficiënt te steunen.*

*Eleonore heeft, nadat ze me zoëven in bed een pointil-
list heeft genoemd, de eerste lila roos uit de tuin in het
sliwovitzglaasje op mijn werktafel gezet. Het deca-
dente parfum zweemt tussen kamperfoelie, citronella
en bedauwd ochtendgras.*

*Moet het wel allemaal, vraag ik me af, als ik opnieuw
de fiche ter hand neem. Geef ik niet uit gemakzucht
toe aan het bekende syndroom, dat gescheiden echte-
lingen aan elkaar blijft binden door middel van haat
die er geen is?*

20 december 1951
Een van haar welpen kweekte zij op,
hij werd een jonge ridder,
zelfs zielen verslond hij.
Ezechiël 19 : 1

Toen ik met de wagen van mijn vader in de stille straat
der identieke gezinswoningen met voortuintjes stopte,
zag ik het gordijn van het nummer 41 even bewegen.
Nog voor ik door de sneeuw het hek bereikte, ging de
voordeur open en blij lachend, in blauwsatijnen jurk-
met-feestbloem, verwelkomde ze me, sloot vlug de
deur want het was koud, en gaf me een korte kus.
Kom, ze wachte binne, zei ze gejaagd en keek goedkeurend naar de tuil rose anjers. Mm, *jenoffels*, zei ze. Die
ik enkele seconden later overhandigde tijdens de formele voorstelling. Wat me het eerst opviel was de grote
hoeveelheid personen en meubelstukken in de beperkte
ruimte, die met een kolenhaard verwarmd werd. Men
was zichtbaar onwennig en het gesprek vlotte niet,
zelfs na het nippen aan martini en het knabbelen aan
een koekje. Wat me vervolgens opviel: de rijglaarzen
van de vader, zijn omgekrulde snor, de haardracht van
de moeder, een negentiende-eeuwse *dot* en het feit dat
ze voortanden miste, maar desondanks namen ze een
allure aan die men alleen bij de betere standen
aantreft. De broers en zussen, groot, grofgebouwd,
bleven stijf en zwijgzaam, het hoge woord werd
gevoerd door mijn splinternieuwe meisje en haar moeder die een radde causeuse bleek, sporadisch onderbroken door instemmend gebrom van de baas, die
kuchend aan zijn sigaartje trok. Men was reeds goed
ingelicht over mijn studies-en-toekomstmogelijkhe-
den. Later vernam ik dat ze *renseignementen* hadden

115

genomen bij de parochiegeestelijkheid. Aan tafel in de veranda, waar een rood lichtje brandde voor een bijna levensgroot H. Hartbeeld, wilden de tongen evenmin loskomen. Na het dankgebed werd zonder boe of ba op de stapels *pistolets* en sandwiches aangevallen, twee grote koffiepotten verschenen en men bediende elkaar met een korte hoofdknik en een gemompeld *merci*. De stapels slonken zienderogen en tot mijn verbazing werden ze prompt door de oudste zus weer aangevuld. Ik hield de zeventienjarige broer in het oog die in vier happen een broodje kon doen verdwijnen, besmeerd met dikke plakken boter en ruim voorzien van beleg. De dirigent van de hele zaak was onmiskenbaar de moeder, die dapper meekauwde maar zelf geen hand uitstak. Ze gaf onzichtbare signalen. Afdeling bakkerij oudste dochter, *charcuterie* jongste, koffiebevoorrading middelste (mijn toekomstige). De mannen hoefden als heren der schepping slechts te eten en dat gebeurde dan ook, ik bedankte na drie broodjes, maar werd lachend verzocht nog eentje extra te nemen. Ik had me reeds voldoende laten inspinnen door de eendrachtige geborgenheid, die dit grote gezin uitstraalde, dat ik graag toegaf aan de zachte dwang. En de tafel was niet eens afgeruimd of de ketel water die reeds aan de kook was, werd in de wasbak gegoten en geluiden uit de keuken wezen op vaatwasactiviteit die snel verliep. Na een kwartier was geen spoor van de maaltijd meer te bekennen. Mijn maag stond bol van te veel koffie (*kaffe* zei de moeder ouderwets) en ik vroeg waar het toilet was om even op adem te komen. Een ijskoud hokje in de tuin met een plee zonder waterspoeling, echter kraaknet zoals trouwens al het overige. Ik had een film in de stad voorzien, maar mijn meisje reageerde vreemd op het voorstel. Zoue we vandaag nie beter thuis blijve, Jo, fluisterde ze rood wordend, het is zo koud buite. Ik heb den otto bij, zei ik. Glimlachend beloofde ze dat ze een potje thee zou zetten met eigengebakken kerstkoekjes. Later vernam ik dat de moeder er de voorkeur aan gaf dat tijdens denadvent niet werd uitgegaan. In denadvent draagt de priester ne paarse kazuivel, zei ze veelbetekenend (waarbij het woord *priester* uiterst verzorgd werd uitgesproken). Ik was te nieuwsgierig naar de achtergronden van deze bevreemdende gang van zaken om te protesteren. Uitwendig was echter van deze strengheid niets te merken. Alles verliep als vanzelfsprekend en hoffelijk. Ook het thee-uurtje, waar werd gelachen om de woordspeling: voor mij *een redelijk schepsel* (in verband met de hoeveelheid suiker in het kopje). Later op de avond gebruikte de vader in enkele uitgesponnen anekdotes de woorden *kaveete* en *'t Hoogweerdig*, maar niemand luisterde als hij iets vertelde en hij werd door zijn volwassen dochters met zachte spot bemoederd, van wie de tweede nu eindelijk een jongen naar huis had gebracht, die goed genoeg was bevonden, en dat was niet gering. Omstreeks negen uur gaapte de moeder discreet achter haar hand, iedereen begon schutterig te doen en ik voelde dat het tijd werd om op te stappen. Vormelijk werd afscheid genomen. In de gang praatte ik nog enkele ogenblikken met mijn meisje. Ik kreeg koude voeten en zij huiverde ondanks het wollen *golfke*. Wanneer zien we elkaar? vroeg ik. Normaal vind ik éne keer op veertien dagen genoeg, vooral in 't begin, hoorde ik haar zeggen, maar met de eindejaarsfeeste kunne we wel een uitzondering make, onsma heeft d'ailleurs gevraagd of da ge mee naardenachtmis gaat, maar het is ook gewoonte da wij dan allemaal *tecemmunie* gaan, houdt ge daar dan vooral-

levalleveur rekening mee? In orde, zei ik en wou haar
een voorzichtige kus op haar mond geven, maar
behendig ontweek ze mijn gebaar, nam in de plaats
daarvan mijn kin in de hand en gaf me met de andere
hand snel een kruisje op het voorhoofd. Slaapwel Jo,
fluisterde ze en keek nerveus om, toen het licht in de
veranda uit werd gedaan. Ze sloot de voordeur achter
mij op dubbel slot en vanuit de auto zag ik dat alle lich-
ten een voor een gedoofd werden.

Ik startte, slipte in de bevroren goot en reed langzaam
naar het stadscentrum, waar ik vanuit een telefooncel
Helena opbelde. Haar stem in de telefoon wond me
zoals altijd onmiddellijk op. I'm longing for you, my
king, zei ze en legde op na een kus tegen het mondstuk.
Opnieuw met jong bloed in de aderen ging ik achter
het stuur zitten en reed roekeloos door Spaanse Tuinen
naar haar huis.

Later, bloot in kimono aan het haardvuur, samen
ontspannen cognac drinkend uit de bolle glazen, vertelde ik haar hoe vooral de moeder mij gefascineerd
had. Terwijl ik haar beschreef (een nobel Romeins
matronahoofd op een wanstaltig uitgezakte romp, en
handen, *prachtige* handen met een dunne, koffie-
roomkleurige huid) streelde ze vaag glimlachend mijn
borst alsof ik een onzichtbaar marmeren beeld was.

15 november 1953
De lippen zijn als lelieën,
de tong bevat slangenvenijn.
Spreuken 33 : 16

Waarom hebt g'hier eigenlijk zo op aangedronge?
vroeg ik gespannen, toen we uit het Koninklijk Paleis
op de Meir kwamen. We hadden net een huldehandte-

kening geplaatst voor Leopold III, koningin Elisabeth en Boudewijn I. De drie in leer gebonden boeken prijkten op een Empire-tafel tussen twee sip kijkende lakeien in geborduurde livrei, pofbroek en zijden kousen. Ge zijt toch officier en g'hebt toch deneedvantrouw afgelegd aan de Koning, zei ze verongelijkt, en ik had d'ailleurs gevraagd uwen uniform aan te doen, waarom loopt ge nu tóch in burger? Ik heb verlof en dat eeuwig gesalueer ben ik zo moe als kouwe pap, antwoordde ik, alsmaar prikkelbaarder, spiedend naar de magische vorm van lelijkheid, die preludeert tot onherroepelijke besluiten. Niet met ineengestrengelde vingers zoals gewoonlijk, want praktisch verloofd, de toekomst ontvouwde zich langzaam, liepen we zwijgend in de richting van de Frankrijklei. Ze had een snipperdag genomen om met mij enig zilverwerk uit te zoeken bij Tilquin, waar ze via de Kredietbank vijftien procent korting kon krijgen. Vast besloten de zaak op de spits te drijven, zei ik dat ze best alleen zou gaan omdat ik niet van winkelen hield, wat ze trouwens wist. Dus onzenuitzet interesseert u nie als ik het goe voor heb? zei ze voor zich uit kijkend. En ik die zo'n goe nieuws te vertellen had... Ze keek me oudachtig aan, ze had tenslotte speciaal vakantie genomen en opeens hulpeloos van medelijden greep ik haar hand en kneep even, ze stuurde mij haar stralendste glimlach toe en samen staken we perfect in de maat over naar het bekende huis-van-vertrouwen, waar we uit enkele assortimenten een melk- en suikerstelletje kozen dat door de oude juffrouw Tilquin persoonlijk met uiterste zorg in zijdepapier werd gewikkeld na een laatste poetsbeurt. Mijn aanstaande verloofde beschikte nu over een derde deel van haar salaris, dat ze al vijf jaar integraal aan haar moeder had afgegeven minus beperkt zakgeld, ze vond het dan ook vanzelfsprekend dat ze dit stuk van blijvende waarde zelf betaalde, temeer daar ze wist dat ik spaarde voor de verlovingsring.

Terug buiten stelde ik voor iets te gaan gebruiken, maar ook op dat punt betrachtte ze de uiterste zuinigheid. Ik wist wat ze ging antwoorden, maar aanvaardde de jeuking van de onschuldige samenhorigheid in het staartbeen, de versterving, de uiteindelijke beloning na een goede daad. Een gids is somber en spaarzaam, zei ze, een plezierige verspreking van de padvinderswet betreffende de soberheid, waar thuis bij gelegenheid om werd gelachen. Algemeen Beschoft Nederlands, wierp ik er guitig tussen, gegrepen door de veelomvattende welwillendheid, die onrust en de andere duiveltjes als bij toverslag verdrijft en plaats maakt voor het zoete vreugdegevoel dat bergen verzet. Nu opgewekt richting Schoenmarkt, waar ze de dagelijkse twee minuutjes bezinning niet wou overslaan, en toen we uit de versteende rust van de kapel terug in het stadsrumoer traden, lachte ze tevreden en toen was het tijd voor het onverwachte nieuws, feestelijk achtergehouden tot het geschikte moment. Onzen Edmond zal misschien van pater magister *een licentia* krijgen om ons verlovingsfeest bij te wone, maar blijve slape mag nie, zei ze, over haar woorden struikelend, wat zegt ge dààrvan, den eerste keer in twee jaar dat hij buite mag! Onverstoorbaar ondanks mijn koele reactie, schakelde ze over op het échte grote nieuws, dat druppelsgewijs moest worden toegediend. Ze hield me staande en zei: En raad nu eens wat da we *moge*? Ik zei dat ik er geen idee van had. Gisterenavond ben 'k tebiechte geweest, zei ze, en... oo ik kan 't bijkan nie gelove... w'hebbe de toelating gekrege om malkander op de mond te kusse, maar op één voorwaarde. Dat de lippen opeen blijve en de tong nie gebruikt wordt om ze nat te make of iet anders, we moeten het subiet 's probere. Dus: eerst de lippen opeen. Ze nie nat make. Dan kusse. Maximum vijf segonde. Verder gaan of iet anders doen is nie toegelate, heeft de pater gezeid, want in deze zake moge we zelf nooit een beslissing neme, o Lijster ik ben zo dankbaar da we ne geestelijke leider hebbe die het goe met ons meent en... mag ik u ook van nu af aan *pappie* noeme, want ik wil het goe doen, ik heb ook voor iedere week een leus van pater Arts gekoze, die ik zal probere waar te maken en ik zal z'u iedere week schrijven als ge terug in 't leger zijt. Die van dees week is: Onzedig meisje, zedeloze vrouw. O pappie, weet ge dat ik er àlles voor over heb om het goe te doen, zei ze vurig, hijgend, ze kneep in mijn vuist en keek me pathetisch aan.

Overstelpt door de woordenvloed knikte ik instemmend en streelde geruststellend haar hand, ik zou haar naar de tramhalte brengen, want thuis was het grote tweemaandelijkse strijkdag en zelfs haar getrouwde zus kwam helpen.

Dicht tegen elkaar aan, zij voelbaar op wolkjes, liepen we een halte verder om te bekomen en onderweg hield ze me nogmaals staande. Een laatste vraag, zei ze, me niet in de ogen kijkend, aarzelend, rood wordend. Zoudt ge me — op uw erewoord — wille beloven *ongerept* te blijve tot da we getrouwd zijn? Ik voelde het zweet uit alle poriën breken en bibberend knikte ik opnieuw en mompelde de woorden: Maar natuurlijk mammie... Ze aanvaardde mijn erewoord als iets vanzelfsprekends, vooral nu ik een luitenantsster had verdiend, en toen de tram in de verte naderde, veegde ze snel haar lippen af met een zakdoekje, glimlachte en bracht met gesloten ogen haar mond tegen de mijne, telde blijkbaar inwendig met ingehouden adem tot vijf en terwijl ik me, opeens bevrijd, uit alle macht moest inhouden om niet als een vampier haar nek te grijpen en me in het vlees van wangen, oren en schouders vast te bijten, zodat ze om zich heen zou beginnen te slaan en om hulp te roepen, stopte de tram. Dag pappie, ik ben zo blij, fluisterde ze, drukte vanwege de omstaanders tersluiks haar rechterduim even tegen mijn voorhoofd en stapte met een laatste wuifgebaartje op de tram.

16 januari 1956
Toen greep de man zijn bijvrouw
en was den gehelen nacht met haar bezig,
tot den morgen toe.
Richteren 19 : 26

Eind augustus 1955 wees alles erop dat een tweede kind ons elf maanden na het eerste zou geboren worden. Zo had God het blijkbaar gewild, maar waar lag nu precies de oorzaak? Vijf maanden lang had ik in onthouding moeten leven op raad van een boek over huwelijksmoraal *voor gevormde lezers* getiteld 'Ik héb geen man', geïnspireerd door een uitspraak uit het Johannesevangelie, waarin Jezus een praatje maakt met de Samaritaanse vrouw, gezellig gezeten bij de bron van Jakob. In het boek werd geslachtsgemeenschap afgeraden drie maanden voor en twee maanden na de geboorte. Dit advies werd door mijn echtgenote letterlijk opgevolgd en protest mijnentwege werd door een reeks medische argumenten in de kiem gesmoord. Sperma kon onder meer de hersentjes van het embryo beschadigen, vruchtafdrijving veroorzaken, baarmoederontsteking enzovoort. En in de eerste plaats moest

Het Leven gespaard worden. Had de paus immers niet uitdrukkelijk verklaard dat men in geval van twijfel zonder aarzelen de moeder moet opofferen voor het leven van het kind?

Tijdens de eerste bevalling had de arts, die op het punt stond naar de tennisbaan te vertrekken, zonder mijn toestemming de spier tussen vagina en aars doorgesneden wat het proces aanzienlijk had versneld. Daarna had hij slordig gehecht. Toen ik uitzinnig van vijf maanden opgehoopte paardrift de eerste keer weer in haar kwam, voelde ik nog minder dan vroeger en het sperma liep er zo meteen weer uit. Verschrikt volgde ze mijn wild gepomp toen ik dadelijk daarop een tweede keer begon. Het ging niet omdat ze te nat was, en ik wou een handdoek gebruiken, maar dat weigerde ze uit hoofde van het strikte voorschrift dat verbiedt hoe dan ook zaadcellen uit de schede te verwijderen. Ik moest absoluut de ondraaglijke spanning uit mijn ballen wegkrijgen en ging te keer tot ik tenslotte zwetend als een paard in de modder afging. Ze lag me aandachtig te bekijken en vroeg opeens: En zijt ge nu kontent? Ja, loog ik. Nog nooit had ik me zo onbevredigd gevoeld. Terwijl ze stilletjes lag te huilen, iets wat me vroeger altijd ziek van medelijden kon maken, weerloos, teder, tot alle toegevingen bereid, voelde ik nu, bevend van astrale angst, hoe een onbekende razernij bezit van me nam, niet in de vorm van wurglust, mijn bloed veranderde langzaam in ijs en met opeengeklemde kaken zodat de wortels van mijn kiezen pijn deden, zwoer ik de irrationele eed die maakt dat je nooit meer kunt denken zoals tevoren: dat ze hiervoor zou boeten.

Dezelfde nacht kreeg ik koorts en buikkrampen, waarbij ik kreunend mijn totale darminhoud in één gulp in de wc liet lopen. Toen de ochtend daarop mijn ingevallen abdomen deed denken aan gevangenen van Dachau en de koorts nauwelijks was verminderd, reed ik met de pick-up hotsend over de onmogelijke weg naar Bumba, waar Dr. Clément acute darmontsteking vaststelde, me een inspuiting gaf en pillen voor twee weken. We konden het na enkele vroegere gesprekken over astrologie uitstekend met elkaar vinden en ik vroeg hem op de man af of vijf maanden onthouding in de gegeven omstandigheden medisch verantwoord was. Hij keek me ongelovig aan en begon te lachen. Toen ik zei dat mijn echtgenote dit van me eiste, zuchtte hij diep maar onthield zich van commentaar. Iets had me tegengehouden om over de mogelijkheid van een zwarte bijzit te beginnen praten, hijzelf leefde kuis als een serafijn uit schrik voor syfilis, waar het gewest Bumba volgens hem van barstte, vooral sommige gedeelten van de noordelijke streek die ik bestuurde. Alleen dat had me er tijdens de vreselijke periode van weerhouden een zwart wijfje te doen ontbieden. Onder de douche tijdens het inzepen gebeurde het meestal. Met het mooiste meiske dat ik die dag gezien had, paarde ik in gedachten en zag al mijn genot met lede ogen in de afloop verdwijnen.

Na een maand constateerde mijn echtgenote dat ze opnieuw in verwachting was. Notabene van twee keer, de darmontsteking had me dermate verzwakt dat ik daarna niets meer had gedaan. Toen de zwangerschap door de zuster vroedvrouw van de missie inderdaad formeel bevestigd werd, schreef mijn echtgenote een blijde brief naar haar moeder, die in haar gloriejaren even vruchtbaar was geweest. O pappiewappie, ik hoop dat het deze keer een zoon is, zei ze, alle leed op slag vergeten, hoe zulle w'hem noeme? In het vooruitzicht dat het licht in het allerbeste geval vijf maanden op groen zou staan, begon ik uiterst omzichtig naar een concubine uit te kijken. Vlugger dan verwacht werd ik tot een besluit gedwongen. De zorg voor het eerste kindje eiste schier alle krachten van mijn echtgenote op en nu er een tweede op komst was, moest er ook op een ander gebied dubbel opgepast worden, ze had immers al eens een miskraam van twee maanden gehad, en dat was volgens haar te wijten geweest aan te veel geslachtsverkeer. De gevolgtrekkingen lagen voor de hand. Toen ik haar op een nacht geil als een reu wakker maakte en in toptempo besliep, zei ze de ochtend daarop dat ze eigenlijk liever had dat ik voortaan niet meer bij haar kwam. *Komen* was een even groot eufemisme als de term *tsjip* waarmee mijn penis bedoeld werd.

Martha vervulde het best de criteria die ik had vooropgesteld toen ik de planton Epapa op vrouwenjacht uitstuurde. Met zijn silexgeweer op het frame van zijn fiets gebonden, de fez zwierig op één oor, was hij vertrokken. Tien dagen later arriveerde hij met niet minder dan vier vrouwen. Stuk voor stuk uit de echt gescheiden, jong, aantrekkelijk, vrij van platluizen en geslachtsziekten. En onvruchtbaar. Vooral op het laatste had ik aangedrongen. Ik gaf Epapa geld om hen voorlopig in zijn huis onder te brengen in afwachting dat ik de vier volgende namiddagen zou komen om ze een voor een te proberen. Kiezen werd echter een uiterst moeilijke zaak. De grieten doken alle vier even gretig in bed, geen enkele transpireerde of stonk, ze hadden gezonde tanden, stevige borsten, spannende, brandschone kutjes, geen spoor van enige frustratie was te bekennen en aan het feit dat hun eet- en andere manieren enigszins te wensen overlieten, stoorde ik me niet het minst, integendeel. Kleine bezwaren als deze moesten wijken voor de éne adembenemende vaststelling: deze oerwoudvrouwen schonken de uiterste bevrediging die een man zich kan indenken. Vier namiddagen na elkaar werd ik van kop tot teen met heet water gewassen, mijn vinger- en teennagels werden nagekeken en geknipt, eventuele eitjes-van-zandvlooien werden uit mijn voetzolen verwijderd en mijn geslacht kreeg een extra beurt met Bint El Sudan-talkpoeder. Het enige waar ik me ongaarne maar noodgedwongen tegen moest verzetten was het afscheren van mijn schaamhaar. Daarna kreeg ik onveranderlijk rijst met antilopevlees of vis met heetgepeperde spinazie, waarbij naar hartelust geboerd werd. En na enkele glaasjes bier of whisky alnaargelang hun voorkeur, werd zonder omwegen overgegaan tot dat waar ze eigenlijk voor gekomen waren. Gewillig, geil, schaamteloos, inventief, onvermoeibaar, gaven ze zich over aan het opperste genot dat al sinds mensenheugenis even vanzelfsprekend als onmisbaar in hun bestaan was geïntegreerd.

Telkens daarna, verbaasd, vervreemd rondkijkend in het cleane huis bij de echtgenote, de oermoeder, de verlengde baarmoeder, waar de verveling en de hypocrisie als ranzige olie van de muren droop, verlangde ik vol ongeduld naar de geur van houtvuren en het harde bed van bamboelatten in de van termieten krakende hut van Epapa, waar ik voor het eerst in mijn leven onvermoede duivels in me had kunnen loslaten. Opschepperig testte ik de technieken die ik als knaap van Helena had geleerd en begon roekeloos de krachten te vergooien die ik nog nauwelijks had aangesproken. Het werd dus Martha. Toevallig de vierde. Was het omdat ze tot vijf keer kort na elkaar kon klaarkomen, omdat haar gang nóg soepeler en koninklijker was, omdat haar lachjes me kippevel deden krijgen van verlangen, omdat ze gewoon niet genoeg kon krijgen van strelen en zoenen en bijten en likken en knijpen en slaan? Iets wat ik bij de anderen niet had gevoeld gaf de doorslag: vanaf het eerste ogenblik was ik tot over mijn oren verliefd. De andere drie vertrokken teleurgesteld weer naar hun dorp. De dag daarop moest ik het binnenland in en mijn schat ging natuurlijk mee, getooid met de nieuwe kleren die ik voor haar gekocht had, mascara op de oogwimpers, rouge op de tatoeagevlekjes van de wangen, onophoudelijk chachacha's van Radio-Léo zingend. Toen ik tien dagen later met oneindige tegenzin terug in de hoofdpost aankwam voor de maandelijkse boekhouding, besefte ik pas goed wat voor zware last ik op mij had geladen, verslaafd te worden aan een echte vrouw.

Gezien de zwangerschap bleef mijn echtgenote zoals de eerste keer in de hoofdpost. Dat was ook beter voor het kindje dat reeds watervlug haar mamma herkende, veel kon eten en flinke drollen in haar luiers legde. Met nieuwjaar was de nieuwe zwangerschap al goed zichtbaar en zoals de eerste keer nam haar gewicht aanzienlijk toe. De koelkast zat vol peperduur Europees voedsel dat om de week uit Zuid-Afrika en Kenya arriveerde en grif van de hand ging, de blanken verdienden immers goed en hadden praktisch geen onkosten. Het kwam er dus niet op aan dat de helft halfrot moest worden weggegooid. De boys recupereerden het dankbaar, eveneens een traditie van het uitpuilende bestel met de eeuwigheid als eindpunt.

Op 12 januari 1956 gebeurde er echter iets. Net toen ik naar Yamandika wou vertrekken, zei mijn echtgenote opeens: Apropos, wij gaan mee. Ik voelde me hele-

127

maal koud worden. Goed, zei ik met toegeknepen keel, maar op uw eige verantwoordelijkheid. Of ze lont had geroken, wist ik niet, wel dat het beter was te doen alsof mijn neus bloedde. Argumenteren zou haar argwaan gewekt hebben, met grote halsstarrigheid tot gevolg. Ik verzocht Martha dus voor een week naar haar dorp in Lilongo te gaan.

De nacht van 15 januari. Passagiershuis van Yamandika. Overal krekels en klokjespadden in de kurkdroge verstarring van de tropische winter. Ik was in mijn eerste slaap toen er opeens aan het muskietengaas werd gekrabd. Het was Epapa, opgewonden, met het bericht dat er in een naburig dorp een moord was gepleegd. Ik stond op en kleedde me vlug aan bij het schijnsel van de Colemanlantaren. Mijn echtgenote maakte van de gelegenheid gebruik om haar kindje bij zich in bed te nemen. Buiten startte ik de pick-up en reed met Epapa naast mij in de stuurkabien het erf af. Hij begon opeens te giechelen. Koel uw hart, blanke, zei hij met kleine oogjes van pret, er is geen moord, *Martha* is zonet aangekomen en is haar bloed niet hetzelfde als dat van u? In het lage hutje vloog ze me juichend om de hals en liet me niet meer los, want ze kon haar mobali echt geen nacht meer missen. Toen ik bij het eerste hanegekraai afgepeigerd in mijn pick-up stapte en door de pastelkleurige nevel naar het passagiershuis van Yamandika reed, zacht fluitend, de linkerhand aan het natte dak van de kabien, de wapperende ochtend op mijn gezicht, was ik van iets definitief zeker geworden.

Thuis wachtte me het volgende tafereel: Mijn echtgenote, reeds in rok-en-bloes, gezeten in een rotanstoel op de barza. Haar gezicht rood en gezwollen van het huilen. Ik had haar nog nooit zo lelijk gezien. Toen ze

128

me de barza op zag komen, kwam ze moeizaam overeind, ging voor me staan en zei met een bitter lachje: Als ge nu denkt daknieweet wat da g'uitgestoken hebt, denkt dan maar rap wadanders... Doodrustig, nonchalant rondkijkend zei ik: Het was een verschrikkelijk bloedbad, die moord. Ge liegt! schreeuwde ze opeens met gesperde ogen, en ge liegt nie alleen, maar ge *stinkt* ook tien ure bove de wind, bah gij vuilen bok, ik *walg* van u, zie mij hier staan in de Kongo met mijnen dikken buik, ik heb al *honderd jaar* spijt da 'k met u getrouwd ben, als 't nie was voor die bloeikes van kindere, dan vertrok ik met 't eerste vliegtuig naar België! Ik knikte bevestigend en liet haar doorrazen en gaf haar steeds maar gelijk, immuun, onbereikbaar, want voortaan onherroepelijk man. Toen het me de keel begon uit te hangen, onderbrak ik haar met een handgebaar en zei vriendelijk: Zou het misschien mogelijk zijn nog een uurke te maffe? En liep met verende passen naar de slaapkamer.

*

1962

Sterkt mij met rozijnenbrandewijn,
verkwikt mij met appeltaart,
want ik bezwijm van liefde.
Hooglied 2 : 5

Medio januari, net toen ik de drukproeven van 'Ik ben maar een neger' aan het corrigeren was, kwam het bericht dat ik de zondag daarop in het gebouw van de Postcheques te Brussel het eerste gedeelte van het staatsexamen voor het ambt van bestuurssecretaris zou moeten afleggen, bestaande uit een schriftelijke verhandeling over een opgelegd onderwerp. Eindelijk, zuchtte mijn echtgenote, die blijkbaar van de overtuiging uitging dat ik onvermijdelijk zou slagen. Toen ik op de bewuste zondag een dichte menigte kandidaten voor het gebouw samengetroept zag staan wachten tot de deuren opengingen, zonk de moed in mijn schoenen. En het onderwerp van de verhandeling 'De positie van België in het Europa van morgen' lag me al evenmin. Verstrooid rondkijkend in de agorafobe hal, waar we met z'n vierhonderd en zovelen aan individuele tafeltjes over de vellen gebogen zaten, schreef ik een mat stuk volgens het klassieke Aristoteliaanse schema en alleen mijn zelfrespect weerhield me, er enkele spelfouten in te laten, wat onmiddellijke uitsluiting tot gevolg zou hebben. Later vernam ik dat de benoemingen er toen reeds door de politieke partijen *ingeparachuteerd* waren. Ik toonde het klad aan mijn echtgenote, die me na lezing vroeg of ik nu hélemaal op mijne kop was gevallen. Vanwege mijn besluit waarin ik me niet veel illusies maakte omtrent de positie van België in de EG. Da zullen we dan maar weeral op onzen bil schrijve, zei ze snuivend met een pats op haar dij, ik ben echt 's curieus wanneer da gij eindelijk

133

's volwasse ga worde, vader-van-drij-kindere laat me lache!

Dat waren bovendien de eerste woorden na twee dagen stom lopen. Tijdens het corrigeren van de drukproeven had ik onbegrijpelijke fouten laten staan en toen ik haar vroeg de proeven voor me te willen nakijken, had ze geantwoord dat ze andere dingen te doen had dan *vuilesnert* te lezen. Vriendelijk had ik haar verzocht me dan consequent de driehonderd gulden voorschot te willen teruggeven die ze zonder verpinken voor het huishouden had aangeslagen. Ik had het woord van haar broer-jezuïet *om bestwil* ironisch aangewend en toen was het natuurlijk mis.

De week daarop ging het mondeling examen door in het Vast Wervingssecretariaat, Beliardstraat te Brussel. Een hoogleraar met een commandeursroset in het knoopsgat, die iets schreef op een vel papier dat hij zorgvuldig bedekt hield en daarna zijn pijp aanstak, keek me doordringend aan en vroeg uiterst langzaam: Wel. Mijnheer. In. Welke. Streek. Van. Kongo. Hebt. U. *Verbléveun*!! het laatste woord riep hij en ik schrok hevig van het klankvolume dat pijn deed in mijn oren. Ik kon niet vermoeden dat uit zo'n smalle borst zo'n geluid kon komen. Ik begon te praten, maar hij onderbrak mij onmiddellijk met de woorden: Beter ar-ti-culé-reun! Dat probeerde ik zo goed ik kon, en toen hij zijn pijp opnieuw had aangestoken, gebaarde hij dat ik moest zwijgen. Houdt u van *kruiswoordraadsels*? vroeg hij onverwacht. Ja, loog ik. Zo, en waarom? vroeg hij, me verbluft aankijkend. Om te zien of ik ze kan uitkrijgen, antwoordde ik. Uitkrijgen is verouderd Nederlands, merkte de hoogleraar op. Gedaan krijgen dan, waagde ik. Iets van iemand gedaan krijgen heeft een heel andere betekenis, en weet u, meneer, dat uw taal veel te wensen overlaat? zei hij, zichtbaar gevexeerd. Ik knikte en hetzelfde gevoel als tijdens het onderhoud met de directeur van Caltex Belgium bekroop me. U wordt dus tijdens het oplossen van kruiswoordraadsels louter door nieuwsgierigheid gedreven? hernam de hoogleraar. Inderdaad, antwoordde ik, bereid tot om het even welke toegeving. Hij knikte peinzend. Is het ook niet uit nieuwsgierigheid dat Eva in de appel heeft gebeten? vroeg hij met iets als triomf in de ogen. Ik was door deze vaststelling zo uit mijn lood geslagen, dat hij twee keer *ukuntgaanmeneer* moest zeggen, terwijl hij iets op hetzelfde papier schreef dat hij met een hand bedekte.

Buiten, in een kristalhelder déjà-vu dat niet wilde wijken, stak ik de boulevard over en liep opnieuw in een halo van occulte krachten naar het Centraal Station, maar werd naar de Wolvengracht afgeleid. Op het Brouckèreplein ging ik een bioscoop binnen, waar een cowboyfilm draaide. Tijdens een sequentie werd ik plotseling in het doek opgenomen en reed te paard door een zonovergoten grasvlakte met links en rechts beboste heuvels, vóór mij bergen met besneeuwde toppen, ik betastte de kolf van mijn Winchester in de zadelholster en speurde de vlakte af naar de kudde herten, waarvan ik het spoor volgde. Er was bijna geen volk in de zaal en ik kon mijn tranen dus vrij laten lopen.

Toen ik na de film op het drukke plein stond, was het donker. Er viel natte sneeuw. Met barstende hoofdpijn en alsmaar koude rillingen ondanks de overjas die ik met nieuwjaar van mijn ouders had gekregen, stond ik seniel te aarzelen welke richting ik zou inslaan, die van het Centraal- of die van het Noordstation. Om aan de plotselinge paniek te ontsnappen (een trein nemen en

135

onderduiken in een Siciliaans hotel om de winter door te brengen, intussen van identiteit veranderen, mijn gezicht plastisch laten opereren, daarna de geliefde gebieden bezoeken: Peru, Tibet, Nieuw Guinea) wenkte ik een taxi en liet me stram als een oud wijf op de achterbank neer.

Welzalig hij die den Here vreest,
en aan de wagens der anderen werkt
tot zij vlugger gaan dan de wind.
Psalm 153 : 1

Hoofdzakelijk omdat de eerste versie van 'Schroot' af was en de winterse beslotenheid van de flat me begon te verstikken, bood ik me medio maart bij de Antwerpse Ford-dealer aan voor de vacante betrekking van Assistant Technical Manager. De directeur, tevens eigenaar, een zwaargebouwde man van middelbare leeftijd met crew-cuthoofd, gouden lionsclubteken in de revers, stond me in hoogsteigen persoon te woord en zijn besluit was: Mm, dus zijt g'eigentlijk in den ottomobil ge-grootbracht... Dat werd door mij bevestigd, en zijn algemene conclusie luidde: Den ottomobil heeft een ge-grote toekomst, ve-vergeet da vooral nie, meneer. En ik werd ter plekke aangenomen. Mijn taak bestond erin, de afdeling New Cars te drijven. De tien verkopers die de firma rijk was, wensten vanzelfsprekend dat van zodra een contract met een kliënt afgesloten was, de wagen als de wind de deur uitvloog, van onder tot boven gepoetst en voorzien van alle gevraagde accessoires. Vooral bij drukke verkoop, die de gewone stress tot waanzin opvoerde, vereiste dit een perfecte timing en enige koelbloedigheid. Een of twee keer per week moest ik met mijn équipe van monteurs naar de Fordfabriek aan de haven om de onophoudelijke stroom nieuwe wagens af te halen, want de firma draaide praktisch het hele jaar door op volle toeren en de meer dan tachtig kaderleden (in pak en stropdas), bedienden (in witte *cache-poussière*), en monteurs (in overall) hadden vijfenveertig uren per week meer dan de handen vol. Elke afdeling had net iets te weinig personeel zodat iedereen meer moest presteren dan zijn eigenlijke taak voorzag. Winstbejag was het hoofdkenmerk van dit familiebedrijf, waarvan de infrastructuur tot op de draad versleten was. Voor de aankoop van een nieuw stel sleutels moest bij voorbeeld gepleit worden alsof het een lustmoord betrof, maar de grote patron voerde een zeer hoge status met een groot landhuis, renpaarden, een jachtgebied, een sportvliegtuig, dure reizen, dure kleren, een duur huishouden, plus een *geplaceerde* maîtresse, bijgenaamd madame de Pompadour. De stichter van de firma was na de eerste wereldoorlog als rijwielmaker begonnen en dankzij noeste arbeid en doorzicht had hij dit alles uit de grond gestampt. Daarvan profiteerde zijn oudste zoon nu terecht.

Mijn supplementaire prestatie was het opmaken van schadebestekken voor verongelukte wagens en onderhandelingen voeren met de experts der verzekeringsmaatschappijen, een vrij ingewikkelde job vol truukjes die ik van mijn baas, de Technical Manager leerde, een fidele kerel die reeds een carrière *bij Ford* achter de rug had en dus vlot Amerikaans sprak, wat nodig was voor de goede betrekkingen met de hoge fabriekskaders. Bovendien moest ik elke dag stipt om tien voor twee de handelsdirecteur afhalen, een stijve zestiger met een Anthony Edenhoed, die op amper een kilometer afstand in het stadscentrum woonde. Tijdens de rit werd geen woord gewisseld. En als de achttienjarige dochter van de grote patron geen vriendje had om haar naar de manège te rijden, speelde ik voor haar chauffeur. Ze richtte evenmin het woord tot mij.

Mijn maandloon bedroeg 6.300 frank netto, een zesde van wat ik op het laatst in Kongo verdiende. De laatste dag van de maand werd het bedrag persoonlijk en onder gesloten omslag plechtig door de handelsdirecteur himzelf aan elk personeelslid overhandigd. Je dankte beleefd en tekende een ontvangstbewijs. Persoonlijk contact met de directie, jawel. De eerste keer fluisterde hij me tersluiks toe, mijn bedrag niet aan anderen te verklappen, want ik verdiende meer dan mijn voorganger. Wat later een flagrante leugen bleek. Het was trouwens een foefje waar iedereen zich al jaren vrolijk over maakte. Dat alles niet zo onschuldig was als op het eerste gezicht leek, ondervond ik slechts later. Ofschoon mijn functie een witte stofjas met firmalabel voorzag, mocht ik om een onbekende reden in pak rondlopen.

Mijn echtgenote en haar moeder waren in de wolken. Eindelijk een normaal bestaan. Zoals haar vader en ongetrouwde zuster smorgens per tram met een *mallette* optrekken, smiddags boterhammetjes op het werk, savonds om halfzeven warm eten plus pilsje voor de kostwinner. Als er eventueel iets dringend moest geregeld worden, kon men altijd even opbellen. Mijn ouders waren minder gelukkig. Mijn moeder vond het ver beneden mijn mogelijkheden om voor chauffeur te spelen voor *da shitjonk en die schone meneer*. Mijn vader vond vooral het salaris gewoon belachelijk, maar omdat ik slechts schouderophalend reageerde (ik zei niet dat het voor mij slechts tijdverdrijf was), nam mijn echtgenote prompt mijn verdediging op en

138

betoogde dat alle begin nu eenmaal moeilijk was en er zat d'ailleurs een redelijke kans op promotie in. Bovendien hadden we tot eind 1966 maandelijks nog tienduizend frank koloniale vergoeding en al was het salaris niet briljant, toch konden we het voorallevalleveur goed gebruiken, een huishouden kost stukken van mensen. Het enige positieve punt vond mijn vader het feit dat ik de knepen van de kostenraming van beschadigde wagens leerde, zodat ik later via zijn relaties expert zou kunnen worden, een exclusief beroep waar je hopen geld mee kan verdienen.

De eerbied die mijn echtgenote me aanvankelijk betoonde, bleek uiteindelijk een louche maneuver. Nu onze toekomst opnieuw min of meer verzekerd was, kon er toch wel een vierde kindje bij, ze was weliswaar niet meer een van de jongsten, maar haar moeder had op haar veertigste nog een gezond kind ter wereld gebracht. Dus. Ons geslachtsleven werd al drie jaar lang geconditioneerd door de theorie van Ogino-Knaus, zegge één of twee keer per maand als een dief in de nacht betrekkingen vlak voor de menstruatie. Gelukkig verliep de cyclus van mijn echtgenote stipt als een klok, maar toch hield ik de kalender goed in het oog, ik zou niet de eerste zijn. Opeens redeneerde ze dat een nieuwe zwangerschap op geslachtelijk gebied voor mij de hemel bij wijze van spreken zou doen opklaren, maar dat was allerminst mijn bedoeling, ik vond dat het zo al welletjes was. Op laatstgenoemd gebied kende ik mezelf niet meer. Hoewel mijn libido bij gebrek aan respons tot het minimum werd herleid, deed niet zozeer de daad zelf me walgen. Buiten het bed waren er steeds meer details die me fysiek begonnen af te stoten. Niet het menopauze-gebaar van het tussen duim en wijsvinger houden van de onderlip of het wijdbeense bestrooien van de liesplooi met Zwitsalpoeder, dat was reeds dagelijkse kost van in Kongo. Vooral de *splinternieuwe details* kwamen veel scherper uit in de bekrompen ruimte van de sociale flat. Ieder Zijn Washandje En Handdoek, was bij voorbeeld een leus, waar mijn echtgenote zich streng aan hield, maar toch vond ik elke ochtend opnieuw haar kam vol haarklissen naast mijn scheerkwast. In de blijde haast waarmee ze alles nu deed, vergat ze soms de wc door te trekken. De zoetige strontgeur greep me al even erg naar de keel als de karnemelk die ze dagelijks dronk om zogenaamd verstopping en aambeien tegen te gaan. Toen ze tijdens een familiekoffietafel bij haar thuis het spastische Gertje even van haar zuster overnam en *straalde* toen hij melk op haar bloes kotste, moet iedereen de afkeer op mijn gezicht gezien hebben, want onderweg naar huis verweet ze me ongezouten mijn gebrek aan opvoeding. Ik had de gewoonte aangenomen haar tijdens een woordenwisseling altijd onmiddellijk gelijk te geven, wat haar in een oogwenk buiten zichzelf bracht. Zo wreef ik opgewekt in de handen, toen ze zei dat ik voortaan beter thuisbleef als ik me niet kon gedragen *onder de mensen*. Zelfs het splinternieuwe attribuut *Egoïst* kon me niet uit mijn humeur krijgen. Oorzaak: op 3 april lag 'Ik ben maar een neger' in de boekhandel. Reeds de dag daarop schreef Jan Walravens een biezonder lovende bespreking in Het Laatste Nieuws. Het was ook dank-zij hem dat mijn eerste novelle 'De Taaie' in het februarinummer van De Vlaamse Gids verschenen was.

En laten wij ons liever bevlekken dan
hoererij te plegen, zoals sommigen van hen
deden, en er vielen op één dag drie en twintig duizend.
1 Cor 10 : 8

Toen ik een exemplaar van mijn roman aan de grote patron ging afgeven, zoals de Technical Manager me dringend had aangeraden, op afspraak wel te verstaan, knikte hij met neergetrokken mondhoeken, bladerde even in het boek en zei: Proficiat meneer, da's een bewijs da g'uw ve-verstand kunt gebruike. En hij drukte mij de hand. Dat er zich een schrijver onder hen bevond, werd door de personeelsleden behalve de monteurs maar matig geapprecieerd. Ook dat ik in pak rondliep was een doorn in hun oog. Ondanks het feit dat ik een vreemde eend in de bijt was, had ik mijn taak na twee maanden onder de knie en mijn baas de Technical Manager die een aandachtige luisteraar was, kon ik eindeloze verhalen doen over Kongo, samen gezeten in het kantoortje op de eerste verdieping met uitzicht over de werkplaats. Bij ons zat ook de telefoniste, een Westvlaamse spotvogel, die ons onder de tafel kon doen rollen met haar gekke invallen. Maar af en toe sloop de grand patron rond met een geurige havana in de bek, hoofdzakelijk om monteurs op roken te betrappen. Hij had deze gewoonte slechts kort geleden hervat, niet lang voor mijn komst was een takelblok rakelings naast hem op het beton neergeploft. De man was eeuwen te laat geboren en handelde alsof de hele geschiedenis tevergeefs aan de volkeren voorbij was gegaan. Elke ochtend omstreeks halftien moest de bejaarde monteur Gustje, die vooral werd gebruikt om klusjes in het familielandhuis op te knappen, hem in zijn bordeauxkleurige Thunderbird naar het sjiekste kapsalon van de stad rijden om zich te laten scheren en frictioneren. Daar stond deze eerste telg van het Antwerpse nouveau-richegeslacht bekend als een royale kliënt die met égards werd behandeld. De wagen die intussen dubbel geparkeerd klaar stond, moest van binnen en van buiten *spick-en-span* zijn, anders werd Gustje die nog fietsen had gemonteerd bij de oude baas, op zijn nummer gezet als een kleine jongen. Binnen handbereik lag een king size servet, waarmee het stuur eerst werd afgeveegd als de patron er zelf achter plaats nam. Op zijn bureau had hij afluisterapparatuur laten installeren. De telefoniste kon dit echter horen aan een bepaalde klik en dan werd een afgesproken signaal gegeven, dat als een strovuur door het huis ging. Gesprekken met het buitenland werden slechts door hem persoonlijk toegestaan en hij checkte zorgvuldig de telefoonrekeningen. Het eerste wat de Technical Manager moest doen na de begrafenis van de oude baas, waardoor het voltallige personeel een halve dag vrijaf had gekregen, was de verloren werkuren in de kortst mogelijke tijd zien te *recupereren*. Terwijl hij de middelen zat af te wegen om zich niet al te erg te compromitteren met de monteurs, die hun handtekening op de reparatiefiche moesten zetten (met de kliënten werd intussen geen rekening gehouden) zwoer hij dat hij nog dezelfde dag zijn ontslag zou aanbieden, maar dat deed hij niet, hij hield te veel van zijn job die hem toeliet uit de huiselijke kring te ontsnappen en tijdens de lunchpauze zijn maîtresse te bezoeken die dicht in de buurt een bar hield.

Ik amuseerde me zoveel mogelijk, van het principe uitgaand dat, als je in de boot zit, je niet alleen moet meevaren, maar er het beste van moet trachten te maken. Ik rausde als een gek met de dienstwagens, deed een slaapje in de zon terwijl ik ongevraagd op mademoiselle wachtte die paardreed in de bossen, hield onverstoorbaar als een butler het portier voor haar open, gaf gratis rijlessen aan kliënten, en stond dermate ontspannen te praten met experts, verkopers en monteurs dat de Technical Manager me waarschuwde niet al te veel de indruk te wekken dat ik het op één been afkon, dat viel niet in de smaak van de patron.

En buiten scheen de zon, de bomen op het pleintje voor de firma stonden vol jong lentegroen, elke middag ging ik mijn boterhammetjes op een bank opeten en keek naar de basketbalspelende jeugd en de kantoormeisjes die met half geopende knieën zoveel mogelijk vierkante centimeters huid aan het zogenaamde ultraviolet blootstelden, de slipjes panklaar voor de vogelvrije vakantiedagen die reeds in het verschiet lagen.

Op een middag werd het me te machtig, het was een van die geurige dagen vol statische electriciteit, zodat het net lijkt of alle vrouwen in hun ondergoed rondparaderen, ik liep een zijstraat van het pleintje in waar een aantrekkelijke griet voor het raam van een cafeetje me al herhaaldelijk had gewenkt. En ging naar binnen. In minder dan een uur troggelde ze me tweeduizend frank af, me telkens nesterig voorspiegelend dat ik na het volgende glaasje met haar *naarboven* zou mogen. Die namiddag moest ik mademoiselle weer naar de manège rijden en ze zat warempel alsmaar een balonnetje in de vorm van een pik-met-kloten op te blazen en af te laten. Ze was vergezeld van een jonge kerel met wie ze het in het Frans had over hun respectieve horoscopen. Ik zette hen af en wachtte niet, maar reed naar het havenkwartier, ging zonder aarzelen in een van de trapgeveltjes aan de Burchtgracht naar binnen waar een slank, donker vrouwtje voor het raam zat, ze trok het gordijn dicht, we bedongen professioneel de prijs, ze waste mijn rechtopstaande lul met warm water en begon te zuigen terwijl een boxer naast het bed onverschillig lag toe te kijken. Ik liet haar begaan omdat ze het zo goed deed en betaalde daarna een supplement om het nog eens in haar te doen. Ah petit, tu en as bougrement besoin hein? zei ze lachend. Ze had gezucht en gekreund toen ik klaarkwam en ik vroeg of ze werkelijk had *gejouïsseerd*. Ça peut m'arriver de temps en temps, si le type me plaît vraiment, bekende ze ronduit en ik geloofde haar. Ze had gezegd dat ze mijn handen mooi vond. Toen ik afscheid nam omdat ik op de firma gemist zou worden, zei ze dat ik gerust nog wat mocht blijven om een praatje te maken. Ik beloofde dat ik terug zou komen.

Onderweg berekende ik dat er met de zeventigduizend frank die nog in mijn safe lagen, ruwweg honderdveertig weken zogenaamd normaal geslachtsleven voor me overbleven, een prijs die ik voorlopig graag wou betalen om het hondse gevoel te ontgaan, niet meteen te kunnen paren telkens als ik een vrouw nodig had.

Hij bood de wang aan wie hem sloeg,
hij werd verzadigd van smaad,
daarom zou de zoon worden neergebliksemd.
Klaagliederen 3 : 30

Toen mijn echtgenote besloot ten derde male met de kinderen *naar Heide* op vakantie te gaan, kon men reeds rustig van een traditie gewagen. Opnieuw werden de bagagelijsten opgemaakt, mijn vader z'n splinternieuwe Fairlane werd volgestouwd tot hij afhing en

144

daar gingen we dan. Ik nam een treinabonnement en liet mijn fiets bij het station achter zoals de vele forenzende arbeiders en kantoorbedienden van de streek. Elke dag kreeg ik ook een lijstje met boodschappen mee, die savonds onder het gejuich der kinderen werden uitgepakt, de vakantiestemming heerste alom en na een jaar Antwerpen genoten de stadsmusjes volop van de gezonde boslucht. En de aardappelen met groenten en vlees kwamen op tafel, het pilsje werd opengemaakt en na een korte avondwandeling in slobberkleren kregen de kinderen eerst een bad en dan hop paardje in galop naar bed, want de zandman was in aantocht, waarna de ouders nog een poosje de gebeurtenissen van de voorbije dag bespraken en ook bedwaarts gingen, vroeg uit de veren was immers de boodschap. Mijn echtgenote verkeerde doorlopend in een goed humeur want alles liep warempel mee, ik deed mijn werk graag, de kinderen waren eindelijk het klimaat gewoon, een eigen huis behoorde tot de mogelijkheden, het spooksel Kongo vervaagde langzaam.

Het leek er ten overvloede op dat het inlijvingsproces ook bij mij op gang begon te komen. Dat werd vooral op prijs gesteld door de ouders van mijn echtgenote, die elk weekend naar Putte kwamen en maandelijks zou het déjeûner na de Bondsmis zoals vroeger het hoogtepunt worden. Teiligârt weigert nooit iet aan iemand die in vertrouwe blijft bidde, zei mijn schoonmoeder tijdens de eerste bijeenkomst en niemand dacht eraan deze uitspraak in twijfel te trekken. Dat ik al twee maanden niet meer met haar dochter naar bed was geweest kon ze natuurlijk niet vermoeden, en de betrokkene zelf had me nog niet geïnterpelleerd, alles stond in het teken van de allesoverheersende tevredenheid over de goede gang van zaken. Twee of drie keer per week bracht ik een bezoek aan Arlette van de Burchtgracht en telkens nam ik iets voor haar mee, fruit, bloemen of een taart met slagroom, waar ze gek op was. Het was een pittige Française met een helder verstand, bij wie ik eindelijk weer eens mezelf kon zijn. Comment va madame? vroeg ze telkens proestend. Ik had haar al een en ander over mijn Kongolese verleden verteld en op een keer zei ze: Je ne sais pas comment tu tiens encore le coup, moi je foutrais le camp. Ze zei het als terloops maar met zoveel aplomb dat ik er een schokje van kreeg.

Ook: tijdens de treinritten naar Antwerpen en terug had ik tijd genoeg om doorlopend te zitten broeden op dezelfde gedachten. Het luidruchtige kaartspel van mijn medereizigers, hun eindeloze moppen, hun gepraat over voetbal en wielrennen, de stank die in de rokerscoupés hing, de verveling die ondanks alles op hun gezicht te lezen stond, maakte me steeds meer bewust van het feit dat ik bezig was me te laten inlijven *zonder het eigenlijk te willen*, misschien de gevaarlijkste vorm van vervreemding die door een situatie aan iemand kan worden opgedrongen. Ik vond maar twee alternatieven: naar Kongo weerkeren of schrijver worden.

Juli en augustus waren inzake verkoop van nieuwe wagens erg rustige maanden. De firma bereidde zich voor op de welverdiende vakantie, maar kort na elkaar gebeurden er toen alweer enkele dingen.

1° De verkoopsdirecteur met wie ik eigenlijk niets te maken had, kwam onverwacht de showroom binnenvallen waar ik met enkele verkopers een kop koffie zat te drinken, die we in een café aan de overkant besteld hadden. Hij verzocht me onmiddellijk de plek te ontruimen omdat ik volgens hem de verkopers van hun werk hield. Ik antwoordde dat als er werk was, de verkopers er allerminst aan zouden denken koffie te zitten drinken. Kortaf bracht hij me aan het verstand dat ik er vooral aan moest leren denken dat ik niet meer in Kongo was maar in België. Ik antwoordde dat ik dat godverdomme beter wist dan wie ook en verliet de showroom.

2° Enkele dagen later moest ik met de Ford van de verkoopsdirecteur zijn twaalfjarige zoon gaan ophalen en naar een vriendje brengen. De wagen had een machtige V8-motor maar een slechte ophanging en ik liet de banden in de bochten gieren als in een gangsterfilm. De dag daarop kreeg de Technical Manager een telefoontje van de grote patron met de boodschap dat als ik doorging met de dienstwagens die nog moesten worden doorverkocht, te *vermassacreren*, de reparatiekosten op mijn rekening zouden komen.

Ik zou as ik vanou was maar goed oppasse, maat, want één van dees dage gaan z'oe hier ne fameuze kloot aftrekke, voorspelde mijn baas vaderlijk.

3° De grote patron viel op een mooie augustusdag, vlak voor de jaarlijkse sluiting van het bedrijf, ons kantoortje binnen. Hij vroeg me of ik niets anders te doen had dan aan mijnen buroo te zitte. Nee, antwoordde ik, want mijn werk van vandaag is gedaan. Bleek van woede wees hij naar het electrisch scheerapparaat dat op mijn tafel lag. Voordat ik iets kon inbrengen beet hij me toe: Ik wil dadier nie meer zezieng, edde da goe ve-verstaan meneer? Waarop hij zich omdraaide en wegging..

Mijn baas zei: Brave jonge, ik heb den indruk da ze 't zelfde spelleke mee ou aan 't beginne zijn als mee uwe voorganger...

4° Op een ochtend moest ik de zoon van de patron, een

arrogante kerel van een jaar of twintig die net gezakt was op de universiteit, met een dienstwagen naar een opticien van het stadscentrum rijden. Uiterst voorzichtig maneuvreerde ik in de achteruitversnelling vantussen twee andere wagens en dat scheen hem niet te bevallen. Ongeduldig beval hij me, vanachter het stuur te komen en met loeiende motor en twee brutale rukken zette hij hem in de goede positie, waarna hij me spottend het stuur weer aanbood. Ik reed hem naar de opticien, legde terwijl ik in de wagen op hem wachtte mijn hoofd op het stuur, regelde mijn ademhaling om de hartkloppingen te kalmeren, hield de winkel in het oog en toen hij op het trottoir verscheen, stapte ik uit, hield het portier voor hem open, gooide het dicht en stelde me voor hoe hij in doodsangst om zich heen begon te slaan om uit de brandende wagen te ontsnappen, waarvan de portieren helaas klem zaten.

Op het kantoortje gekomen zei ik tegen de Technical Manager, nadat ik hem had verteld wat er gebeurd was, dat ik dezelfde dag nog ontslag zou nemen. Dat ik besloten had Germaanse filologie te gaan studeren op de Vrije Universiteit van Brussel. Om mijn taal beter te leren, omdat ik schrijver wilde worden. Zuchtend zei hij: Voor éne keer da'k 's ne goeien assistent had, maar g'hebt groot gelijk, ze behandelen hun mensen hier gelijk stront en waarom hedde die *rabio* nie op zijne smoel geslage? In de Kongo zoude zoiet nie hebbe late passére, hé maat?

Op staande voet liep ik naar het kantoor van de handelsdirecteur en bood mijn ontslag aan. Hij schrok zichtbaar. W'hadden anders nen opslag van vierhonderd frang voor u voorzien, zei hij listig, wat denkt u daarvan. Ik weigerde en toen moest hij het ontslag wel aanvaarden, *mits wettelijke vooropzeg*. Op 30 september zou ik mijn laatste loonzakje in ontvangst nemen. Ik wens u veel *chance* op d'universiteit, zei hij mild, ik ben ook licencié-en-sciences-commerciales.

Toen ik die avond in Putte terloops het nieuws aan mijn echtgenote meldde, vroeg ze me alvorens het huis te klein werd, of ik haar soms voor de zot hield. Terwijl ze armenzwaaiend te keer ging, dronk ik alsmaar cognac om de drukkende pijn uit mijn borst weg te krijgen, die er was gekomen na het voorval met de zoon van de patron.

Die nacht ging ze in de kinderkamer slapen en de dag daarop, de eerste van mijn veertiendaagse vakantie, vertrok ze met de kinderen naar Antwerpen. Ik nam de trein na de hare, kocht bij Locus een fruittaart met slagroom, liep door de smalle straatjes naar de havenkant en nadat Arlette koffie had gezet, aten we op ons gemak de taart op en ik vertelde haar wat ik de vorige dag had gedaan. Ze viel me om de hals, gaf me drie klinkende kussen op z'n Frans en zei dat ze trots op me was. Ik betaalde het gewone tarief, we kleedden ons uit en bedreven de liefde. Nadat we waren klaargekomen, wat ze giechelend haar *régime de faveur* noemde, bleef ik nog een uurtje, want er liepen bijna geen mannen door het straatje vanwege de vakantie. Bij het afscheid herhaalde ze nog eens dat ik van nu af aan in haar ogen een echte vent was. Opnieuw jong en sterk en veerkrachtig, met het heroverde zelfrespect tintelend in mijn vingertoppen, liep ik fluitend, balsturig naar het Centraal Station.

Die avond zei mijn echtgenote met een zuur gezicht dat er desnoods een familieraad zou gehouden worden, want *het bestond nie* dat ik *De Naam* door het slijk zou halen door op de Brusselse Universiteit te gaan studeren, *dat hoerekot*! Toen ik haar lachend verzocht te zeggen waar dan wel volgens haar, antwoordde ze kordaat: In Leuve. Ik schoot in de lach en vroeg haar of ze soms vergeten was welk boek ik geschreven had en hoe het stond met de verdraagzaamheid aan de Katholieke Universiteit van Leuven. Da doet er nie toe, zei ze stereotiep, Leuven of nieveranst nie. Ik zocht haar zwakke plek. Is het misschien de bedoeling dat ik zou gebuisd worde om uwe lieven broer de gelegenheid te geven nóg 's te zegge da'k beter wageskes zou gaan duwen in de Grand Bazar? vroeg ik glimlachend. Ze kwam breeduit voor mij staan. Ik moest alsmaar naar haar vertrokken gezicht kijken. Zelden had ik zoveel opgekropte onmacht bij iemand gezien. Da leste vergeef ik u nooit nie meer, hebt ge 't goe verstaan, nooit nie meer, *gij Antichrist*! beet ze me toe.

Toen ik plechtig antwoordde: Ego te absolvo de peccatis tuis in nomine Patris et Filii et Spiritus Sancti amen, liep ze gillend naar het keukentje en begon in hoog tempo borden en glazen in gruis te gooien.

Alle onderzoek behoort den Here.
Vrijheid zal Zijne grimmigheid opwekken
en gij zult het vlees uwer zonen eten.
Leviticus 31 : 9

Wat er de avond van de eerste dag van het akademisch jaar in de blik van mijn echtgenote lag, toen ik aan tafel zei dat ik geen honger had, kon ik met de beste wil niet uitmaken. Ze zei geen woord. Ze observeerde me alsof iets opeens haar belangstelling wekte of zonneklaar werd. Geen uniek familie-oog. Ook het lachje ontbrak. In Kongo had ik in andere omstandigheden dezelfde indruk gehad. Nooit had ze me op heterdaad kunnen betrappen met een zwarte vrouw. Haar bittere

verwijten telkens als ze het via aanwijzingen kon vermoeden, leken slechts pro forma, als om ondanks alles
haar eeuwigdurende status te onderstrepen. Een soort
hypocriete opluchting omdat de waarheid goddank
niet in haar gezicht geëxplodeerd was.

Die eerste dag hadden we twee uren formele logica volgens het systeem van Whitehead & Russell gehad, met
reeksen wiskundige formules en toepassingen op de
syntaxis. Thuis probeerde ik een samenvatting van de
geziene leerstof te maken, zoals ik me had voorgenomen elke dag te doen, maar het ging niet en ik had het
zo op mijn zenuwen dat ik er maagpijn van kreeg. Die
nacht had ik opnieuw de vreselijke droom uit mijn
jeugd: de volgende dag is er examen algebra & meet-
kunde en ik moet de hele stof in één nacht uit het
hoofd leren. Ik besluit ten einde raad papiertjes te
maken om te spieken, wat me met paniek vervult.

De ochtend daarop werd ik doodmoe wakker en in de
trein naar Brussel voelde ik voor het eerst sinds jaren
weer een latente angst voor de toekomst, die me niet
meer zou loslaten, bij mijn weten absoluut dodelijk
voor het zelfrespect. Die dag vier uren Duitse en
Engelse spraakleer. Twee uren geschiedenis. Dadelijk
bleek dat de achttienjarige studenten met wie ik als
enige oude man in de auditoria zat, veel beter op de
intensieve taalstudie waren voorbereid dan ik. Bovendien bleek mijn geest na elf jaren niet-meer-studeren
als vastgeroest. In geschiedenis was ik al mijn achtergronden kwijt en de eerste schriftelijke taaltest Engels
was een fiasco.

Mijn echtgenote had ik kunnen wijsmaken dat het
licentiaat Germaanse filologie toekomstmogelijkheden
bood, die in mijn lijn lagen. Mijn voornaamste bedoeling was natuurlijk geweest, me uit het web van haar

controlesysteem te werken en zo de vroegere machtsverhouding enigszins te herstellen. Taalstudie-in-verband-met-schrijven was ik al lang vergeten. Na enkele colleges bleek echter duidelijk dat ik op alle gebied van de regen in de drop was gekomen. In plaats van vogelvrij te zijn, lag ik met handen en voeten gebonden aan een strikt collegerooster. Aan het vernederende gevoel dat ik niet capabel was om het te kunnen volgen, had ik natuurlijk niet gedacht, om maar te zwijgen van het vreselijke perspectief dat ik waarschijnlijk voor de examens zou zakken, want slechts één van de vier kandidaten slaagde. Aan wat ik in dat geval van mijn echtgenote aan spot zou moeten verduren, durfde ik gewoon niet te denken. En anderzijds wou ik absoluut mijn ouders en mezelf het bewijs leveren dat ik nog tot iets in staat was.

Om aan de zenuwoverspanning te ontsnappen die ik voelde naderen, redde ik de situatie door de vreemdste beslissing die ik ooit in mijn leven had genomen: tot mei 1963 zoveel mogelijk van de vrijheid genieten en zien wat eruit zou voortkomen.

De colleges kon je globaal in twee categorieën verdelen. Deze waarvan gestencilde teksten bestonden, die je zo nodig passief kon volgen terwijl de professor er letterlijk door de microfoon uit voorlas. En de filologische oefeningen die schools werden gegeven met ondervragingen en tests. De laatste categorie besloeg ongeveer één derde deel van de colleges. Dat gedeelte besloot ik trouw bij te wonen. De zogenaamde geheugenvakken was alleen een berg wetenschap die je stomweg uit het hoofd moest trachten te leren. In de praktijk betekende dat drie halve dagen Brussel en de overige tijd van negen tot zes het adembenemende gevoel dat je over elke minuut naar believen kon beschikken.

Voor het eerst na Kongo weer mezelf zijn. Tot mijn verbijstering merkte ik echter dat ik het totaal verleerd was, volgens mijn instinkten te leven. Vol schuldgevoelens omdat ik zogenaamd mijn plichten op de universiteit verzuimde, wantrouwde ik mijn eigen motieven en zocht allerlei alibi's om aan de waarheid te ontsnappen. Iets waar ik in Kongo nooit enige last van had ondervonden. Opeens kwam ik tot het besef dat twee jaar België me in een soort huisdier veranderd hadden. Alleen met Arlette, die buiten de maatschappij leefde, kon ik hierover praten. Haar conclusie was: Faut pas réfléchir, petit, faut fout' le camp. Elke dag ging ik bij haar en godbetert niet in de eerste plaats om de liefde te bedrijven. In het verdufte landschapje van grijze lucht en natgeregende straten leek zelfs dàt niet per se nodig, soms deden we alleen maar een praatje bij koffie en taart als twee ouden van dagen. En elke middag ging ik zogenaamd vrijgevochten telkens in een ander restaurant eten, het toppunt met name, maar na enkele weken was ik de stereotiepe gerechten kotsbeu. Dan maar naar de bioscoop, soms twee films per dag. Na afloop trad ik schichtig, met een ijle kop, ziek van weemoed in de vervreemding van de stadsdrukte.

Om meer bewegingsvrijheid te hebben, kocht ik van ons spaargeld een deux chevaux, fel toegejuicht door mijn echtgenote, die eindelijk aan de omgeving kon tonen dat ze niet met een waardeloos individu getrouwd was. De eerste keer dat ik naar Brussel reed, nam ik Arlette mee, maar na een etentje en een film moesten we weer naar Antwerpen. Ze gaf geen commentaar, maar bij het afscheid wees ze naar het wagentje en zei: C'est pas une bagnole pour un type comme toi.

Smorgens waren de bioscopen dicht en dan zat ik

meestal in de leeszaal van de Antwerpse stadsbiblio-theek Engelse en Duitse spraakleer te blokken of ge-schiedenis te lezen, die de profs in hun bibliografie hadden opgegeven.

En savonds omstreeks halfzeven als een lam terug naar huis, waar mijn echtgenote zich ogenschijnlijk in de situatie begon te schikken. En liegen als ze vroeg hoe het in Brussel geweest was. En het avondmaal naar binnen werken. En vadertje spelen, dat wil zeggen de kinderen afsnauwen als ze te luidruchtig waren, want om de schijn te redden, niet uit mijn godverdomde rol te vallen, moest ik de hele avond vlijtig studeren of taaloefeningen maken. De enige keer per dag dat ik me met oneindige tegenzin moest dwingen tot de ergste vorm van veinzerij: mezelf als een hysterisch wijf zit-ten voor te spiegelen dat ik zielsgelukkig de rechte paden bewandelde terwijl in mij de honden aan hun ketting rukten maar ik te laf was om ze los te laten. Dezelfde gratuite trots, die kloosterlingen blijkbaar aanzet tot de schizofrenie van het volhouden.

En elke zondag met vrouw & kinderen naar de mis, waar ik in woede de ogen van links naar rechts over de gebogen koppen van de verzamelde kudde liet gaan. Daarna braaf de zak warme pistolets dragen, die gebo-terd en belegd zouden verorberd worden met koffie en chocolademelk. Mijn echtgenote wist natuurlijk dat de Vrije Universiteit van Brussel van oudsher een bolwerk van de vrijmetselarij was. Wat moeten haar geloken ogen tijdens de zondagsmis geblonken hebben van zachte zelfgenoegzame triomf bij het zien van de knie-lende vrijdenker. Dezelfde glans zag ik duidelijk oplichten toen ik op een dag een steek liet vallen over het Vrij Onderzoek, het principe dat de universiteit als heiligste regel vooropstelde. Smalend zei ik dat de stu-

denten in Brussel zoals overal braafjes hun bek hielden
terwijl de prof als een soort god vanaf zijn vergulde
troon privé-dogma's zat te verkondigen. Hewel, zei ze
minzaam maar ad rem, als 't dan tóch overal 't zelfde-
nis, waarom zijt ge dan nie naar Leuve gegaan?

Heb medelijden met mij, Here, Zoon van David,
mijn dochter is manziek en van den duivel bezeten.
Mattheus 15 : 22

Begin december ontleende ik aan de universiteitsbiblio-
theek een boek dat de professor had opgegeven tijdens
het eerste van de reeks facultatieve colleges Kerkge-
schiedenis, waarvoor ik me had laten inschrijven. De
titel luidde 'Und abermals krähte der Hahn'. De
auteur was Karl Heinz Deschner. Het was in de
D.D.R. uitgegeven en onderwierp de katholieke Kerk
aan een kritisch onderzoek door de eeuwen heen. Dat
was trouwens ook de voornaamste bedoeling van de
colleges, waarvan ik geen enkel miste. In een week
werkte ik me door de meer dan vijfhonderd pagina's
van het boek en maakte een samenvatting van zestig
dicht beschreven vellen. Het was de grootste leeserva-
ring van mijn leven. Ik was dermate onder de indruk
van de aangehaalde feiten-met-bronvermelding dat ik
er zelfs thuis niet over kon zwijgen. Mijn echtgenote
reageerde met het mij welbekende handgebaar plus
pats op de dij. Het betekende zoveel als: kereltje,
daarmee ben je bij mij op het verkeerde adres. Een
slechter moment had ik trouwens moeilijk kunnen kiezen. Enkele dagen tevoren had ze in mijn boekentas
een spotschrift op het net begonnen Tweede Vatikaans
Concilie ontdekt, dat op de campus werd uitgedeeld
door als pastoor verklede studenten. Het was een kari-

155

katuur van een radeloze Johannes XXIII, die aan kardinaal Ottaviani de vraag stelde, wat er volgens hem moest worden gedaan met het groeiende aantal softenon-kinderen van priesters. Het antwoord van de prelaat was: Laat ze adopteren door katholieke gezinnen. Onder de tekening stond de tekst: Zijn bloed kome over ons en over onze kinderen. Van de vrij waardig beheerste tirade dat ze er *fier* op was de tante te zijn van een gehandicapt kind en dat alle mannen *ploerten* waren, trok ik me niets aan, wel van het feit dat ze in mijn boekentas had gesnuffeld. Datrechthebik, repliceerde ze vinnig. En d'ailleurs, als ik mijn boekske moest opendoen over wa da 'k nog weet, ge zoudt er aardig van staan zien. Mijn vel trok samen en ik eiste meer uitleg. *Tegelegenertijd*, besloot ze met ingetrokken kin. Dan houd ik er geen rekening mee, zei ik met een stralende glimlach, maar de woedeaanval die ik bewust uitlokte, kwam niet. Ze hoefde zich zelfs niet te beheersen. Deze ommekeer maakte me ongerust. Ik was er al enige tijd van overtuigd dat ze meer wist over mijn doen en laten dan ze liet blijken. Om een privé-detective te betalen had ze geen geld, maar ik wist tot wat ze in staat was om het geliefde controlesysteem dat ze had moeten opgeven, weer in ere te herstellen. Ik besloot extra op mijn hoede te zijn. Maar ook bij mij was een ommekeer begonnen. Ideologisch gefundeerd. Hoofdzakelijk veroorzaakt door de lectuur van het boek van Deschner. Toen ik tijdens de kerstweek de eerste worp waagde naar het plan dat ik me had voorgenomen uit te voeren, en zei dat ze alleen te biechten kon gaan, knikte ze enkel en met een stem die ik nauwelijks nog herkende, antwoordde ze: Goed, maar ge kunt dan ook zorge da ge nie mee naar de nachtmis gaat om me nie in schande te brenge, ge

kunt misschien zegge da ge griep hebt. Ik klapte geluid-
loos, vol bewondering in de handen en zelfs de term
Om Bestwil kon haar niet uit haar evenwicht brengen.
Evenmin mijn allusie op haar *onverklaarbare
houding*: zelfs niet gewagen van de mogelijkheid van
heiligschennis. Het ene voorval volgde nu het andere
op in een onovertroffen reeks.

De persoon die bovengenoemde term officieel had
ingevoerd, kwam met tweede kerstdag onverwacht op
bezoek. Mijn zwager, minder bleek en mager dan vroeger, in zwarte toog met gesloten boord, was net tot
subdiaken gewijd en dat mocht uitzonderlijk in fami-
liekring gevierd worden. Dezelfde avond moest hij zich
echter om voor de hand liggende redenen opnieuw in
het huis melden.

De eregast was in een opgewekte stemming en iedereen
had plezier in de grapjes die hij maakte over de
jezuïetenorde, de oude paters noemde hij *fossielen,*
zichzelf *maar ne celibatair* en hij gaf zelfs een ondeu-
gend liedje ten beste van Marie Karoen met haar grote
voeten en ne neus vol zomersproeten. Wat door de kinderen luidkeels werd meegezongen, want natuurlijk
waren de neefjes en nichtjes allen present. Dadis wadanders als in 't noviciaatéé, merkte mijn schoonmoeder in hoofdschuddende bewondering op, en iedereen
was het met haar eens. En mijn zwager dronk een kopje koffie en at een taartje, van alles één. Ik vroeg hem
wat de waardigheid van subdiaken in de praktijk eigenlijk betekende. Hij mocht van nu af aan tijdens een
plechtige H. Mis het epistel zingen, de heilige vaten
aanraken, de handen opleggen en *den duivel uitdrijven,* zei hij, waarbij iedereen in de lach schoot. Dus
zijn er nog duivels, zei ik. Ach nee, ge moet dat allemaal *zo* niet zien, antwoordde hij, de komst van een

priester heeft meestal een kalmerende invloed op sommige mensen, en dan leggen we de handen op en spreken een gebed uit. Ik vroeg wat hij bedoelde met *sommige mensen*, maar gemaakt-verontwaardigd verzocht mijn schoonmoeder me over iets anders te beginnen praten, voor éne keer dat *Hij* op bezoek was.

En de namiddag verliep met luchtig over en weer gebabbel en aan de koffietafel bad de jonge pater stijlvol voor en at ditmaal biezonder smakelijk mee van de vele kazen en vlezen. Na afloop rookte hij zelfs een sigaartje. Van een hiaat in de conversatie maakte ik gebruik om hem te vragen of het wel honderd procent bewezen was dat de evangelies door de apostelen geschreven waren, want onlangs had men ontdekt dat het eerste evangelie slechts dateerde uit de tweede eeuw. Iedereen zweeg en hij verbrak de stilte door rustig te antwoorden dat hij van het laatste niet op de hoogte was, maar hij zou het zo gauw mogelijk onderzoeken en me daarna een antwoord geven. Ik knikte tevreden vanwege de typische denkwijze en de gewone gesprekken werden hervat.

Onderweg naar huis, terwijl de kinderen uitgelaten op de achterbank van ons wagentje zaten te wippen wegens de prettige namiddag met nonkel Edmond, zei mijn echtgenote geen woord. Ze was nog altijd kwaad om wat met kerstmis was voorgevallen. En nu dàt nog. Ze was inderdaad alleen naar de middernachtmis geweest en had zelfs niet gereageerd toen ik de dag daarop zoals afgesproken tot smiddags zogenaamd met veertig graden koorts in bed was blijven liggen lezen. Op de flat, terwijl ze de kinderen uitkleedde om naar bed te gaan, liet ik me in een impuls op de vloer vallen en begon roepend, knarsetandend, krampachtige bewegingen te maken met hoofd, armen en benen.

Verschrikt kwam ze aanlopen, knielde bij mij, schudde me door elkaar en smeekte me met overslaande stem te zeggen wat er scheelde. De kinderen stonden als verlamd toe te kijken, het oudste dochtertje begon hoge gillen te slaken. Ik ging door met trappen en schuimbekken en toen mijn echtgenote in paniek besloot de hulpdienst 900 op te bellen, begon ik als op de toneelschool te lachen en riep: Nee, niet de 900, maar uw broer, want ik ben van den duvel bezete, hij moet 'm komen *uitdrijve*!

Waardig stond ze op, keek me vernietigend aan, liet me links liggen, nam de kinderen mee, sloot de deur van hun kamer achter zich en draaide de sleutel om.

12 augustus 1977
Geen serpent, maar een engel;
Geen rover, maar een ridder.
Uit 'IJdel Edel!' van pater Lode Arts S.J.

Terwijl dit verhaal geschreven werd, stond tegen mijn bureaulamp doorlopend, als een soort teken aan de wand, de huwelijksfoto formaat 23 x 17 van een vierentwintigjarige jongeman in ceremonieuniform van onderluitenant van de landstrijdkrachten en een achtentwintigjarige vrouw in witte bruidsjapon, kroontje, voile, boeket van meiklokjes met afhangende linten. Links en rechts van hen bruidsmeisjes. Alle personen hebben witte handschoenen aan. De man lijkt amper twintig, de bruid tien jaar ouder dan ze is. Op zijn gladde padvindersgezicht met hoogopgekamd golvend haar is met de beste wil geen enkele uitdrukking te bespeuren, laat staan een gevoel. Gewillig kijkt hij in de lens zoals hem werd verzocht door de heer Spillmann, Studio Suisse, avenue de France 131 Anvers. In de donkere ogen van de bruid onder onwaarschijnlijk zware (Bulgaarse?) wenkbrauwen is de blik intens, blij gespannen, de mond samengeknepen in een verstard gelegenheidsglimlachje dat er bij nader toezien geen is. Vanonder het keurige kapsel (met geschoren nek?) komen brede oorlellen, om de hals is een kort dubbel parelsnoer, de blote schouders zijn in voile gebed, daarboven nog meer voile in schuine banden, die de buste verhullen.

Hoewel ze een van de zeldzame bruiden was, bij wie wit nog iets betekende, was haar japon zelfs voor die jaren biezonder truttig, vindt Eleonore, die echter in mijn huwelijksproblematiek een opvallend nuchter standpunt inneemt. Haar treft volgens Eleonore weinig schuld, ze wilde er immers tot elke prijs het beste van

160

maken. Het enige dat men haar zou kunnen verwijten is dat ze te veel vasthield aan haar strenge opvoeding en zich niet kon inbeelden dat daaraan ooit kon getornd worden. Maar jij *was niet eerlijk, zegt ze tegen mij, je was het typische produkt van de mannenmaatschappij dat hypocriet met een deugdzaam, niet al te aantrekkelijk meisje wil trouwen dat later een goed moedertje zal zijn en naar wie andere mannen geen poot zullen uitsteken. Of ze al dan niet van de liefde genoot, kon jou per slot van rekening weinig schelen, als jij je zin maar kon doen en daarvoor was Kongo ideaal. Zoals ik je nu ken, is het me gewoon een raadsel dat jij ooit met zo iemand getrouwd bent. Dat je niet zag dat jullie helemaal niet bij elkaar pasten is te begrijpen, maar niet die onverklaarbare slapheid van je: voor je ouders verzwijgen dat je al jaren een verhouding had met een veel oudere vrouw, je verloofde niet durven te dwingen tot meer intimiteit, je na je terugkeer uit Kongo alles laten welgevallen zonder te reageren als een vent. Maar dat zal wel het gevolg geweest zijn van je jezuïetenopvoeding, die je had geleerd een en ander op te offeren als de schijn maar gered was, een traditie die ze door de geschiedenis heen trouwens goed in ere hebben gehouden. Wat me vooral opvalt, is van beide kanten de totale afwezigheid van wat ik liefde noem, zelfs tijdens de verloving.*

Ik kan alleen tegenwerpen dat ik toen zoals de meeste mannen van mijn leeftijd totaal onrijp was voor het huwelijk, om de eenvoudige reden dat een man van vierentwintig meestal slechts een goed functionerend zoogdiertje is met het bewustzijn van een baviaan, geconditioneerd door een opvoedingssysteem dat mannen op alles voorbereidt behalve op het leven.

Hierop antwoordt Eleonore dat ik in de eerste plaats

een Streber was die alles ondergeschikt maakte aan zijn carrière, maar die ook nog zoveel mogelijk zijn zinnetje wenste te blijven doen zoals alle enige kinderen. Volgens haar zou ik in normale omstandigheden mijn echtgenote nooit verlaten hebben. Anno 1977 zou ik wellicht provinciegouverneur zijn met mevrouw voor de officiële plechtigheden en Julie of een andere zwarte schoonheid voor het bed zoals in die kringen zo vaak gebeurt.

Verleden week heb ik mijn ouders gevraagd mijn ex-echtgenote op te bellen en haar te verzoeken me enkele mappen met papieren die ik in 1963 had achtergelaten, terug te bezorgen. Dat ze beweert niets van de papieren af te weten, verbaast me niet, wel het feit dat ze mijn ouders nog altijd ma *en* pa *noemt.*

Als binnen een maand de ambtenaar van de Burgerlijke Stand onze identiteitspapieren zal veranderd hebben, kan het laatste stadium van de echtscheidingsprocedure een aanvang nemen: de afrekening. Onroerende goederen zijn er gelukkig niet, in 1963 heb ik alleen boeken, grammofoonplaten en kleren meegenomen. Er blijft nog een aantal boeken over, die ik graag terug zou willen vanwege de herinneringen die eraan verbonden zijn. Gedurende meer dan twee jaar heb ik aanzienlijk te veel alimentatie betaald. Ook dat moet geregeld worden. Hoe, dat zal afhangen van het feit of ze de boeken & papieren terug wil geven. Tenslotte heeft ze er ook haar hand niet voor omgedraaid, een deurwaarder op het dak van twee zeventigjarige mensen te sturen die ze godbetert aanspreekt alsof ze nog altijd haar schoonouders waren. Wijst dit op de juistheid van mijn vermoeden, dat haar opvattingen omtrent de onverbreekbaarheid van het huwelijk nooit zullen veranderen?

*Bij de anticlimax die het einde van een lange rechtspro-
cedure begeleidt, komt de vage weemoed van het besef
dat er alweer een voorlaatste periode in mijn leven is
afgesloten. Trots dat ik uiteindelijk de scheiding heb
kunnen afdwingen, hoef ik niet te tonen. Ik heb
gebruik gemaakt van een toevallige wet, dat is alles.
Schaamte over mijn daad van meer dan veertien jaar
geleden kan ik niet opbrengen. Graag zet ik dit op de
rekening van mijn notoir egoïsme. Medelijden met de
situatie waarin ik mijn ex-echtgenote en de kinderen
heb gedrongen, voel ik niet meer. Veertien jaar is lang.
De kinderen die zelfs niet op mij lijken, zijn volwassen
mensen geworden en totaal van mij vervreemd. Hun
moeder heeft hen helaas opgevoed in het teken van het
Hebben, een stigma dat ze hun hele leven met zich zullen meedragen.* Haar *allesbehalve benijdenswaardige
situatie heeft ze alleen maar bestendigd. Valse hoop,
woede en ouderwetse beginselvastheid hebben de beste
jaren van haar leven vergald. Alleen een beetje levens-
kunst had haar kunnen redden. Jammer voor de kostbare tijd die ze aan mij heeft verloren en die ze wellicht
beter aan een ander had besteed. Aan wat uitsluitend
tussen ons heeft bestaan kan ik zelfs niet meer denken,
laat staan er enige piëteit voor koesteren. Voor de hoeveelheid pijn die ik haar globaal heb aangedaan, aan-
vaard ik de schuld. Echter zonder schuldgevoel, iets
wat ik, evenmin als schaamte, niet meer kan opbrengen.*
*Ze is in de meest traditionele zin van het woord altijd
een voorbeeldige moeder geweest en op haar gedrag is
zo goed als niets aan te merken. De vraag is echter of
ze wel de moeilijkste weg heeft gekozen, want de
opvoeding waaraan ze zich altijd heeft vastgeklampt
alsof het de enige norm was die telde, heeft door de*

eeuwen heen talloze goede moeders voortgebracht,
maar zelden een goede vrouw.

16 april 1954
Een man heeft dynamiet in zijn bloed. Speel niet met
vuur, want als de man ontploft, zijt gij het eerste
slachtoffer.
Uit 'IJdel Edel!' van pater Lode Arts S.J.

Zwijgend, vingers ineengestrengeld, ik in de maat van
haar ietwat stroeve ritme, zij geregeld, éénhandig haar
neus snuitend vanwege het kille voorjaarsweer, wan-
delden we als oude mensjes onder de kale kruinen van
de beukendreef. De pauwen van het vogelpark slaak-
ten af en toe een paleolithische kreet. De avondsche-
mering viel in. Boven de horizon die vlakbij oprees,
werd de onbegrijpelijke gloed van de stad zichtbaar,
vergezeld van zacht gegrom. Toen ik de richting van de
gewone bank wou inslaan, waar we het zouden uitpra-
ten, voelde ik hoe haar stap stram werd als van een
onzeker paard. Ze keek me smekend aan. Beter nu nie,
Lijster, zei ze, doe me asjeblief da plezier, is wandele
nie eve goe?
Een uur tevoren hadden we bij de notaris het huwelijkscontract ondertekend. Terug op straat had ze
onverwacht stilgehouden en met tranen in de ogen
gezegd: Weet ge dat ik in plaats van blij te zijn nog
altijd *zobang* ben? Geprikkeld door het woord dat ze
beloofd had niet meer uit te spreken, zei ik te afgemeten voor wat op dat ogenblik in haar moest omgaan:
Ge weet dat ik een hekel heb aan bange mense. Ja,
pappie, antwoordde ze hoog, snel, met een huilstem,
en dan ben ik natuurlijk ne worm en ik moet lere
mezelfzijn en me van de rest niksaantrekke maar ge

164

weet toch ook dat het binnen een kleinmaand allemaal voorbij zal zijn dan zijn we *getrouwd* pappie dan zal het allemaal beter gaan begrijp dan toch ook 's dat ik heelder nachte nie kan slape van de schrik oo ik hoop dat het over zal gaan na de retraite ik hoop uit de grond van mijn hart dat die week me goe zal doen alleen maar spijtig da ge nog in 't leger zijt want het zijn allemaal verloofde koppels en het is er zo stil in de bossen van da klooster zegge ze...

Op weg naar het park had ik nauwelijks een woord gezegd. Allengs was mijn hart langzamer begonnen te kloppen, het werd makkelijker de impulsen in te tomen die tijdens de stuntelige voorlezing door de notaris van het huwelijkscontract waren komen opzetten, de aandrang om met een scheldwoord op te springen, het godvergeten papier te verscheuren en de deur met een smak achter me dicht te gooien.

Manne-zijn-ploerte, had ze enkele dagen tevoren nog gezegd, een allusie op een collega van haar die bij gelegenheid onder het rokje van een lichtzinnige bediende loerde terwijl die op een trapladdertje mappen klasseerde.

Na de verloving eind januari was ze begonnen toe te staan dat ik vlak voor het afscheid in de gang even haar blote dijen onder de rok streelde, met name het gebied tussen kousboord en corset, wat me dermate prikkelde dat ik onmiddellijk daarna achter het stuur van de wagen in mijn zakdoek masturbeerde. Deze uiterste intimiteit had ze na lang tegenstribbelen toegestaan. Haar biechtvader had dubbelzinnig verklaard dat zoiets tussen verloofden uiteindelijk niet aan te raden was en ook niet nodig. Tot staving had ze nogmaals pater Arts geciteerd, die nota bene de retraite zou leiden waarvoor ze zich had laten inschrijven: Zedigheid is de moed om voorzichtig te zijn. Telkens bij het afscheid voelde ik al haar spieren verstijven, ze hield de adem in, liet hem met schokjes uit haar neus ontsnappen, onderging een aantal strelingen en duwde met zachte dwang de hand weg.

Aan het einde van de beukendreef maakten we rechtsomkeert, ze huiverde van de wind die nu in haar gezicht blies en trok de kraag van haar mantel dicht. Ze zei hop! en wou er een stevige stap in zetten. Ik hield haar tegen en zei koel: Ik dacht da we nog iet te bespreken hadde? Ze keek me even aan, wreef opnieuw met het zakdoekje over haar vochtige neustop en zei mat: Ik heb onderweg gedacht dat het misschien toch beter was het na-de-retraite te zegge nadat ik er met den Arts heb over gesproke, maar nu da ge tóch aandringt... Ja, ik dring aan, zei ik, als ik me nie vergis ging het over da ge soms nie kunt slape van de schrik... Ze kromp ineen, begon te hijgen, werd rood, en heftig, verongelijkt riep ze: Hewel dan zal ik het zegge! Elke keer da g'onder mijn klere komt, ben ik zo bang da'k in mijn eigen altijd maar 'tzelfde schietgebed opzeg en dan denk ik het is doodzonde wat da we nu doen en ik mag nie meer tecemmuniegaan maar de pater zegt dat het geendoodzonde is alleen maar toegeven aan het vlees maar ik *voel* het pappie dat het wéldoodzonde is en dan kan ik nie meer slape den hele nacht lig ik dan wakker en de volgenden dag moet ik gaan werke en ik word er zo moe van zo moe pappie!

Ze greep mijn ellebogen, legde haar hoofd tegen mijn schouders en huilde met schokkende uithalen. Gedachtenloos, automatisch streelde ik over de wollen muts die met een hoedenspeld aan haar haren bevestigd was. Opvallend vlug bedaarde ze, snoot overluid haar neus, keek me lacherig aan, een grimas die ondanks alles moed weerspiegelde en een onwrikbaar vertrouwen in de toekomst. Ze greep mijn hand, gaf enkele bemoedigende kneepjes en zuiver in de maat stapten we door het zomerse landschap vol vogels naar de uitgang van het park. Vlak voor het hek hield ze me staande en zei: Pappie, da blijft tussen ons, ik beloof het u, zelfs onsma weet hier niks van, maar ze voelt dat er iet is ocharme... weet ge wat da ze verlee week heeft gezeid? Dat uw ogen haar altijd doen denken aan die van mijn broer een uur voordat hij stierf.

9 mei 1954
Zo zult gij uwe moeder niet nemen,
maar de dochter van een andere,
opdat het u wel ga en gij lang leeft.
Deuteronomium 22 : 6

Ze streelde alsmaar met zachte joodse handjes mijn nek, schouders en borst, terwijl ze als een treurvrouw op Griekse vazen, kruipend-geknield haar haren en gezicht tegen mijn geslacht aan drukte en als ik iets zei of fluisterde of smeekte, schudde ze hard met het hoofd opdat ik zou zwijgen.
Die dag had ik Helena voor het laatst gevraagd te willen aanvaarden dat ik mijn ouders zou opbellen en alles overboord gooien om met haar voorgoed naar Pistoia te vertrekken waar ze twee dagen later, op de datum van mijn huwelijk, voorgoed zou gaan wonen. Ze had diepe groeven tussen neus en mondhoeken zoals altijd na een orgasme, waarbij ze op het laatst had gehuild zoals ik nog nooit iemand had horen huilen en ik verziekt in haar was gebleven en zonder te bewegen spieren samentrok-en-ontspande, wat de bekende sidderingen door heel haar lichaam deed ont-

167

staan tot ze stillag, met halfopen mond, Marlène Dietrich op het doodsbed, alleen de prachtige haren jonger dan veertig.

Ze glimlachte toen ik daarna begon te praten (wat ze me had gevraagd te doen nadat ik onwillig de foto had getoond die ze gespannen had bekeken). Ze kroop dicht tegen me aan in de steeds nieuwe, onontdekte variatie van andere armen, dijen, plooien, geuren, zeewier en zuignappen. En telkens als ik even zweeg, gaf ze kneepjes ergens in mijn flank. Ik had haar alle dingen gezegd die ze nog niet wist (over het universele dédain van de hele vrouwelijke clan voor de huwelijkskandidaten, van wie niemand zelfs tot aan de enkels reikte der eigen zonen; over de films die Voor Allen moesten gekwoteerd zijn door de Katholieke Filmkeuring; over de bioscopen waar *de andere films* werden vertoond die werden vermeden door beginselvast de straat over te steken; over het feit dat ze me verboden had het B-pilotenbrevet te halen omdat het volgens haar niet verantwoord was dergelijke risico's te nemen, vooral in verband met onze afspraak later kinderen te hebben; over het feit dat ze nooit had willen logeren op het buitenverblijf van mijn ouders *vanwege de Naam*; dat ze nooit had willen zonnebaden of te lang met mij in de bossen wandelen of gaan zwemmen; over haar leus in dit verband: Een Gemengd Bad Is Een Modderbad; over de laatste leus van de week: Een Lichtzinnige Vrouw Is Een Gevaarlijke Vrouw En Een Vrouw In Gevaar).

Toen ik zweeg, had Helena zonder me aan te kijken gezegd: Eigenlijk verschilt ze niet zoveel van *onze* orthodoxe mensen, die even slecht op het leven worden voorbereid als bij jullie dergelijke katholieken. In alle primitieve volksstammen zouden ze bij de eerste proef

van de inwijdingsritus falen en als waardeloos uitgesto-
ten worden, maar *voor jou* is deze stand van zaken
vreemd genoeg goed, je moet zeker met je lelijke
bruidje trouwen, het zal je voorgoed de ogen openen.
Toen ik haar had geantwoord dat mijn verloofde me al
drie maanden opvallend als een kind was gaan behandelen, had Helena geglimlacht. Overmorgen is het
jouw Bar Mitzvah, had ze gezegd, ik zal de hele dag
aan je denken... ik hoop dat je vlug man zult worden
en... doe haar op vrouwelijk gebied geen pijn, dat
vraag ik je dringend. En ongevraagd: I'm too old for
you, try to make her happy, she deserves it.
Lange tijd hadden we daarna in elkaars armen gelegen,
zwijgend, zonder muziek, met de slagschaduwen van
de avond om ons heen, en opeens had ze gefluisterd:
I'll wish you shalom, my king, and then you *must* go...
Terwijl ik mijn tranen de vrije loop liet, kroop ze naar
mijn voeten en begon geknield met de haren centimeter
na centimeter van mijn enkels te omvatten, mijn kui-
ten, knieën, dijen. Ik richtte mijn bovenlichaam op en
kuste de geliefde binnenkant van haar joodse handjes
die, dat wist ik, zouden beginnen te strelen.
Toen de spieren van mijn middenrif in een zachte
kramp samentrokken, en ik me moeiteloos kon concentreren op het gedeeltelijke uitschakelen van mijn
bewustzijn, waarbij ik langzamerhand ijl zou worden,
hoorde ik een onbekende stem in de verte *shalom* zeggen, *shalom shalom*.
Toen zag ik mezelf opstaan, kleren aantrekken, zonder
nog om te kijken naar de deur lopen, waarna de verschrikking zou beginnen.

25 oktober 1956
Nu dan, neem toch uw wapentuig,
uw pijlkoker en uw boog, en ga uit,
het woud in, en schiet voor mij
het grootste dier; dan zal ik u
zegenen eer ik sterf.
Genesis 27 : 3

De ochtend van de derde dag dook de pygmee eindelijk op. Plotseling, totaal onhoorbaar kwam hij uit de muur van natte ngongostruiken gesprongen. Hij was vergezeld van zijn gespikkelde hond, die aan een rat deed denken.

Mijn twaalf clanbroeders en ik hadden het jagerskamp in het parkwoud Malingongo opgeslagen, midden in de manshoge struiken waarvan we de bladeren afhakten om de schuilhutten mee te bedekken. In afwachting dat de pygmee met nieuws zou terugkeren, hadden we een drijfjacht met netten op touw gezet, die vijf mbo-loko-antilopen en een everzwijn had opgeleverd. De karkassen hadden we de haren afgebrand en gerookt onder afdaken vanwege de stortbuien van het regenseizoen dat ten einde liep. Het woud was druipnat en overal woekerden zwammen en paddestoelen.

Mijn clanbroeders behandelden me voortaan als hun gelijke. Na mijn huwelijk met Mbala acht dagen tevoren werd ik ritueel *bokilo* genoemd. Op mijn linkerpols was het rode litteken met ontstoken korstjes nog zichtbaar. Mbala was in het dorp achtergebleven, waar ze met olie en rood ngolapoeder ingewreven, het grote feest afwachtte, waarvoor de veertien jagers van Bombana het woud waren ingetrokken om de Grote Man te schieten, de olifant met machtige slagtanden die zoals elk jaar met zijn kudde vanuit de Mioka-moerassen naar Malingongo zou oversteken, dat nu vol verse ngbengbe-stengels stond, die olifanten zo graag eten. De pygmee die bij de Bokoi-clangroep leefde in een uiterst geheimzinnig dienstverband, was er vanwege zijn ongelooflijk jachtinstinkt opuit gestuurd om de Grote Man op te sporen. De pygmee heette eigenlijk Dikpa, maar werd meestal Reusje genoemd omdat hij één meter vijfenveertig mat. Toen hij die ochtend opdook, richtte iedereen in het kamp zijn blik naar de andere kant om de goede krachten die hem vergezelden niet aan te tasten. Reusje leek nog kleiner en tengerder dan gewoonlijk. Hij was van kop tot teen met gele modder bespat, maar ondanks het feit dat hij drie dagen en halve nachten in de weer was geweest, was hij niet merkbaar vermoeid. In zijn hakkelend, bijna onverstaanbaar Lingala bracht hij verslag uit aan Mondani. Zoals het hoort, dat wil zeggen alsof de zaak hem helemaal niet aanging. Alleen toen hij het geslacht van de Grote Man met een armgebaar beschreef, kneep hij in zijn brede apeneus van het lachen. Mondani, de jongste zoon van het opperhoofd Engwanda, een neef van Mbala, zou de jacht leiden en terwijl de pygmee een grote brok vlees met gekookte rupsen naar binnen werkte zodat zijn maag als een gezwel ging uitstulpen, was iedereen al aan de slag. Voor elke jager werd een groot stuk gerookt vlees met rupsen in een ngongoblad gewikkeld. Ik pofte aardappelen in de gloeiende as omdat ik geen rupsen lustte. Ik had mijn kok niet meegebracht omdat ik een voorkeurbehandeling weigerde. Terwijl de anderen droog buskruit in hun voorladers goten, de proppen aanstampten en de puntige ijzeren staven nakeken die tot projektiel zouden dienen, ontvette ik mijn .375 Magnum-karabijn en vulde het magazijn met vijf patronen, voorzien van stalen koppen. Ik was gewend blootsvoets te lopen en droeg alleen een kaki short met versterkte zakken voor reservepatronen. Mondani had de twee slagtanden van de ever die ik de vorige dag met een speer had gedood, terwijl hij in het net verstrikt zat, met een gloeiende priem doorboord, ze aan een snoer bevestigd en me gegeven om te dragen tijdens de jacht. Mijn kamera- den hadden allen amuletten om de hals. Alleen de pygmee droeg niets, hij kauwde voortdurend op bladeren-met-toverkracht, die hij in een leren zakje bewaarde aan de gordel van zijn ongelooflijk smerige paan.

Net voor zonsopgang brak het onweer los met een magnesiumflits en een reeks oorverdovende explosies. In een oogwenk stroomde het water door de dunne laag ngongobladeren van het slordig ineengeflanste hutje, waar ik met Mondani en de pygmee bij het vuur hurkte dat kissend uitdoofde. De anderen waren bij de geweren gebleven in de holle boom vlakbij, waar ze zoals wij de nacht hadden doorgebracht met haze- slaapjes. De olifantsmest waar we ons de vorige avond mee hadden ingewreven, droop in een vettige brij van ons af. De bui duurde slechts kort, maar het olifan- tenspoor dat binnen oogbereik lag, werd nu in een stortvloed herschapen die naar de Mioka stroomde, in de diepte zichtbaar als een zwarte spiegel. De hemel klaarde snel op en de zon rees in nevelslierten boven het woud, het werd warm en het hutje veranderde in een stoombad. En opnieuw het godvergeten gesjirp van de krekels dat infrasonisch aanzwol en de weemoe- dige roep van de mopipi als een wielewaal in de hoogzomer. En de Grote Man? Laat in de avond was hij inderdaad zoals de pygmee het had voorspeld, met zijn kudde over de Mioka gezwommen en op geen twintig meter van ons voorbijgetrokken met luid gekraak van takken, geknor en geploeter, zorgvuldig de doornlianen mijdend waar wij in verscholen zaten. De pygmee had ook hun slaapplek ontdekt, ergens in de modderpoelen van het moeras, een zekerheid die hij absoluut nodig had. Toen het ophield met regenen, gooide hij een snuifje poeder uit een zakje in de lucht, zat enige tijd versteend naar één punt voor zich uit te kijken als een pointer en liet een dof gesis horen telkens als zijn hond opnieuw begon te piepen. Opeens was hij er met enkele anderen vandoor gegaan om verse olifantenmest te verzamelen.

Tijdens de veertien uren dat we het spoor hadden gevolgd, had ik alleen gepofte aardappelen gegeten. Het vlees dat we bij ons hadden verspreidde inmiddels zo'n stank, dat ik de eerste hap ondanks de pilipili uitgespuwd had, tot grote pret van de anderen. De pygmee had rijpe mongaigai-bessen geplukt, waar ik alleen maar buikpijn van had gekregen. En onophoudelijk hadden we kola gepruimd, wat een voos, beverig gevoel in mijn benen en een kurkdroge mond veroorzaakte.

De stoom trok snel op, het werd alsmaar warmer en toen ze terugkeerden met de zware pakken mest, moest ik kokhalzen van de lucht die eruit opsteeg. De pygmee zei iets dat ik niet verstond, Mondani liep naar de holle boom en keerde terug met mijn .375. Komen ze? vroeg ik. Hij trok de wenkbrauwen op en liet een klikgeluidje horen. Handig begon hij mijn rug met de kleverige substantie vol takjes en zaden in te wrijven, waarop ik hetzelfde deed bij hem, daarna met grote weerzin mijn

173

eigen armen, benen, nek en haren. De pygmee bracht het gevlochten touw van zijn speer-met-weerhaken in orde en stopte gras in het houten klokje aan de halsband van zijn hond, die onrustig zijn neus in de lucht stak en op zijn poten stond te bibberen. De anderen bliezen in het zundgat van hun voorladers en haalden slaghoedjes te voorschijn, daarna de puntige ijzeren staven die ze voorzichtig in de loop lieten zakken. Kola pruimend, de pygmee zijn eigen mengeling van wonderbladeren, gingen we in een halve cirkel gehurkt zitten wachten. Gespannen. Eén en al oor. Waar loopt hij, vooraan of achteraan? fluisterde ik tegen Mondani, met onmiddellijk daarna het besef dat de vraag volkomen overbodig was. Bokilo, zijn we geen jagers en waarom zijn we hierheen gekomen? antwoordde hij waardig. De pygmee keek even in onze richting en maakte een afkeurend keelgeluid.

En toen, heel in de verte, onmiskenbaar, boven het gesjirp van de krekels uit, weerklonk opeens het geluid van brekende takken. Een seconde later begon mijn hart in mijn keel te kloppen, mijn maag trok samen in een kramp en onder de mest begon mijn huid overal te jeuken. Ik had nog maar één olifant geschoten, maar wellicht te veel gelezen over het grote risico van een dodelijke charge. Alsmaar ging het door me heen: de derde voorhoofdsplooi, in profiel tussen oog en oorgat, had ik nu maar een dubbelloops .500 Express. Onnodig trok ik de grendel van de karabijn open, wipte de patronen eruit, controleerde het magazijn, daarna een voor een de patronen die ik de dag tevoren licht had geolied.

Opeens, totaal onverwacht, barstte vlakbij een kort getrompet los met luid geruis van bladeren, geplons door modder. De pygmee kwam snel overeind, gaf zijn hond een trap en maakte een nerveus teken. Met knikkende knieën schoof ik een patroon in de loop en drukte de grendel dicht, betastte de everslagtanden om mijn hals en volgde de anderen die halfgebogen, geruisloos als katten, de geweren in aanslag, tussen de doornlianen naar het spoor slopen. Ondanks de mest op mijn gezicht kwam opeens een scherpe stallucht in mijn neus en ik hoorde gesnuif, gerommel van darmgassen, geknor als van varkens. Kans om na te denken kreeg ik nauwelijks, want opeens dook uit de wirwar van lianen een grijze kolos op, schoof voorbij, een andere dook op, schoof voorbij. Ik hield de pygmee in het oog die op één knie, met gerekte nek toekeek en zijn hand klaarhield om het signaal te geven en vlugger dan verwacht gaf hij het, wees naar iets dat ik niet zag, volgde het met de vinger en toen dook het op, donkergrijs, log, onvoorstelbaar groot en log, met slagtanden die bijna tot op de grond neerhingen, de kop, de slurf, de enorme oren, de pygmee knikte met aandrang, ik legde aan, hield de adem in, mikte tussen oog en oorgat, volgde en drukte af. Een oorverdovend schot, stomp tegen de schouder, huls uitwerpen, nieuwe patroon, schril getrompet, raak! een tumult van vluchtende olifanten overal om ons heen, fluitende trommelvliezen, een reeks doffe knallen van voorladers, wolken blauwe rook, stank van buskruit, zwaar gekraak van takken toen hij als een rotsblok omverrolde, luchtsprongen van mijn kameraden en hoge kreten, opnieuw knallen, de pygmee als een pijl vooruit, ik dwars door de lianen achter hem aan. En daar lag de Grote Man tussen afgebroken boompjes op zijn flank in de modder te wentelen, de speer van de pygmee vloog erin tot aan de schacht, ik zag korte ijzeren staven uit de romp steken, uit de gaten borrelde bloed,

175

maar hij leefde nog, razend maaide hij met zijn slurf in het rond, probeerde uit alle macht op te staan of zijn kop van de grond te krijgen, maar zijn getrompet veranderde allengs in stuiptrekkend geblaas met snurkende uithalen en toen hij even stillag, schoot ik twee keer kort na elkaar langs achteren in zijn schedel. Toen zijn adem stilviel, grepen Mondani en ik elkaars duim, pompten drie keer en deden hetzelfde met de anderen, die opgewonden door de modder heen en weer liepen, die rood werd van het bloed. We klommen op de flank van de Grote Man, waar reeds wolken vliegen op aasden, we juichten als kinderen, maakten obscene danspassen en riepen ha de Grote Man hoe de Grote Man! De pygmee kon zijn speer niet loskrijgen en werd uitgelachen. Om alles werd trouwens gelachen, om de hond die grollend een lap huid probeerde af te rukken, om het enorme geslachtsdeel dat de pygmee als beloning toekwam, om de discussie wie in geforceerde mars naar het dorp zou vertrekken om de vrouwen te halen voor het vleestransport.

Toen ik op de grond sprong en de mest begon los te pulken, merkte ik dat mijn armen, benen en borst vol bloederige schrammen zaten, die begonnen te schrijnen als brandblaren. Doornen, zei Mondani schokschouderend, de likambo van ons, jagers. Ik ga me wassen in de Mioka, zei ik, teleurgesteld omdat zijn lichaam geen enkele schram vertoonde. Hij knikte en samen daalden we door de kniediepe modder van het olifantenspoor de helling af. Op het laatst zakten we erin tot aan de heupen en in het lauwe water van de Mioka spoelden we de blubber eraf, maar misselijk, uitgehold van de anticlimax, genoot ik niet van het bad. Op een dikke boomwortel liet ik me naakt in de zon opdrogen en toen voelde ik pas hoe uitgeput en hongerig ik was. Gevolgd door een dermate lijfelijk verlangen naar de tederheid van Mbala dat ik mijn tranen nauwelijks kon bedwingen. Ik zag dat Mondani ongeduldig werd om terug te keren naar het kadaver. Hoe ver is het naar het dorp? vroeg ik voordat we opnieuw de modder in moesten. Twee wegen, antwoordde Mondani onverschillig, dwars door het moeras heen: nogal ver en lastig; over Malingongo: héél ver en makkelijk. Hoé ver? vroeg ik geprikkeld omdat ik ondanks alles toch de stomme vraag stelde. Een dag, een nacht, en nog een klein dagje, antwoordde hij.

Toen ik buiten adem en vol verse modder bij het kadaver aankwam, was een groep uitzinnig roepend bezig het in stukken te hakken, van onder tot boven met bloed besmeurd. De opengesneden buik met ernaast een berg ingewanden verspreidde een doordringende strontlucht. Op ngongobladeren uit de zon lagen grote brokken rood vlees vol vliegen, de andere groep was ergens in het bos om brandhout te verzamelen en takken voor de rookinstallatie.

Ik hurkte in de schaduw, bevend van kou ondanks de vochtige hitte. Ik hulde me in een dunne paan tegen de vliegen die op mijn schrammen afkwamen en probeerde wat te slapen om niet te hoeven denken aan het vreselijke perspectief van de terugtocht. Toen ik pas ingedommeld was, wekte Mondani me en toonde me blij de staartpunt met haren als zwart ijzerdraad. Voor jou, bokilo, zei hij, en ik wens je veel kracht. Ik nam de trofee aan en dankte hem met de geijkte wederwens. De pygmee had intussen vuur gemaakt en zat gehurkt vlees te roosteren. Reusje, ik wil een mals stuk van de slurf, riep ik hem toe, met veel zout en pilipili! Hij stak grijnzend een hand op. Naar Mondani die bezig was de slagtanden uit hun kassen te hakken, riep ik: Wil je

wat merg in ngongobladeren doen voor onderweg?
Goed, bokilo, riep hij terug, merg en het puntje van
zijn tong! Hierom moest hij onbedaarlijk lachen en hij
herhaalde: Merg en het puntje van zijn tong.
Waarna ik de langverwachte stroom koninklijke zorge-
loosheid langzaam in me voelde opstijgen, normaal
slechts te bereiken na enkele slokken whisky.

Toen ik in het holst van de nacht bij het popperige zie-
kenhuisje van de Unilever-palmplantage in Alberta
arriveerde, waar mijn echtgenote acht of negen dagen
tevoren met een *onoplosbare* buikkwaal was opgenomen, lagen de slagtanden van de Grote Man onder een
zeil in de laadbak van mijn pick-up. Ze maten meer
dan twee meter twintig en ik kon ze amper vertillen.
Wat ik met dit geschenk van het opperhoofd Engwanda moest beginnen, wist ik nog niet. Ivoor naar
België verslepen was onbetaalbaar en in contrabande
praktisch onmogelijk. Wel was ik vast besloten ze voor
mij te houden. Mbala had ik na het feest dat dagen en
nachten had geduurd tot al het vlees op was, noodgedwongen in Bombana moeten achterlaten vanwege de
maandelijkse boekhouding die ik al een week had laten
slingeren. Tijdens de woeste collectieve danspartijen
hadden we ons met dubbelgedistilleerde arak bezopen
tot we laveloos op ons bed belandden en min of meer
uitgeslapen op de meest onmogelijke uren opnieuw
aan de slag gingen dank zij verse nsesepalmwijn, die de
lichte champagneroes geeft, prelude tot de Oosterse
paring met kunstig uitgesteld (bij haar soms onophoudelijk) orgasme. Waarna Mohongu ragoût van apevlees opdiende met maïs, wilde zuring en pilipilisaus.

178

Hij zag er al even belabberd uit als zijn baas, en verspreidde een straffe muskus- en alcohollucht.

Dat ik integraal in de Bokoi-clangemeenschap was opgenomen, merkte ik aan sommige details, wat me de rust schonk, eigen aan verbondenheid met oerbronnen. Telkens als ik bij voorbeeld, met een saree van mijn vrouw om de lendenen, waarmee ze zopas mijn geslacht had gepoetst, uit het lage deurgat van de hut kwam waar we verbleven, om na de paring in het openbaar te urineren zoals het een man betaamt, moest ik de terloopse groet die me werd toegestuurd, met een achteloos-obsceen gebaar beantwoorden, wat goedkeurend gemompel veroorzaakte, buiten clanverband streng taboe.

Toen ik na de jacht smerig, vermagerd van de diarree, vol etterende wonden, in Bombana was aangekomen, zat een politieagent van de hoofdpost daar al enkele dagen lang te wachten met een dringende brief van mijn echtgenote. Nadat ik had gelezen wat erin stond, vroeg ik hem *waar* madamu precies was. Toen hij antwoordde dat ze in het ziekenhuis van Alberta lag en bij zijn weten nog leefde, verscheurde ik de brief en zei dat hij bij dezen uitgenodigd werd op het grote feest van de Bokoi. Geestdriftig was hij met de groep zingende vrouwen het woud ingetrokken om een flink stuk olifantsvlees te bemachtigen. Mbala had haar vent van kop tot teen met heet water gewassen en daarna onder het slaken van zachte kreetjes zijn wonden met inlandse zalf verzorgd. Na een door haar voorgekauwde maaltijd van rijst met kip en spinazie had ik twintig uren aan een stuk geslapen en toen ik ontwaakte, waren tot mijn verbazing de eerste vrouwen reeds weergekeerd en druk bezig zoveel mogelijk vlees te bereiden om met hun familie aan het vreten te gaan.

Mbala wist dat mijn echtgenote iets mankeerde, maar ze had zich gewoontegetrouw buiten de zaak gehouden en zich totaal overgegeven aan de lange omhelzingen van haar vent Mambomo, die eindelijk een olifant voor haar clan had geschoten, een bewijs van opperste liefde en bovendien een zeker teken van kracht, (en telkens *malamu!* antwoorden met haar heldere jongensstem op mijn vraag of het goed was geweest en hijgend bekennen dat ons bloed goddank hetzelfde was en dat ze de moeder zegende die me ooit het leven had geschonken en de handen waarvan ze de nagels mocht knippen en het geslacht dat haar zeker zaad voor een zoon zou schenken als het al niet gebeurd was, en later — ik — terwijl ze sliep, naar haar ademhaling kijken en mijn oor tegen haar ribben leggen om naar de hartklop van het oerwoud te luisteren, dat me nu voorgoed in zijn greep had).

Toen ik gespannen als een hond die uiteindelijk toch is teruggekomen, de trappen van het ziekenhuis opliep, waar de nachtwaker bij een gloeiend houtblok zat te dommelen, ging hij me voor om te tonen waar de kamer was. Hij stak het electrisch licht aan en ik zag hem schichtig naar het vuile verband om mijn armen en benen kijken. Na twee weken verblijf in de wildernis deed het scherpe licht pijn aan mijn ogen, en toen ik de aseptische gang met de godverdomde tegels en de witte deuren zag, was het alsof ik een stomp van een grote vuist tegen mijn borst kreeg. Ik werd misselijk en woedend tegelijk en deed het licht uit. Ik ging naar buiten en floot op mijn vingers. Mohongu kwam slaperig uit de stuurkabien van de pick-up. Ik beval hem een deken uit de koffer te halen, het veldbed met het muskietengaas op de barza naast het vuurtje van de nachtwaker op te stellen, waarna ik onder het gaas kroop, het dichttrok en onmiddellijk in slaap viel.

1963

*De verdraagzaamheid vindt haar grens waar ze de
godsdienstigheid in ernstig gevaar brengt.
Pater Hoefnagels S.J. in 'Streven' 1 - 1963*

De Belgische winter 1962-63 was de strengste sinds die,
waarin Operatie Barbarossa begin 1942 bij temperatu-
ren van min veertig graden in de bevroren modder van
de Russische vlakte was blijven steken. Eenentwintig
jaar na dato startte nu een drieëndertigjarige student in
de Germaanse filologie, gekleed in een bruine gewatteerde anorak, in het holst van elke morgen, met de
regelmaat van een klok, de motor van een aandoenlijk-
lui autootje, liet hem warmdraaien, maneuvreerde het
vantussen de bevroren sneeuwhopen, het parkeerter-
rein vlakbij een hemelhoog betonnen flatgebouw op
pijlers, en koerste met volle schijnwerpers richting
Brussel. Om een kilometer verder aan de Cromwelltank ofwel door te rijden ofwel rechtsomkeert te
maken, richting stadscentrum, regelrecht de paranoïa
in, die begon met een filterkoffie in telkens een ander
café, de krant lezen, hem laten liggen, het autootje uit
de stille zijstraat halen, naar de leeszaal van de stadsbi-
bliotheek rijden, parkeren, zich enkele uren in de stu-
dievlijt ademende ruimte concentreren op het vak geschiedenis of logica; daarna ofwel in een restaurant
gaan eten, uitgebreid wel te verstaan, ofwel een dubbele portie kip met rijst en kerry bestellen bij een Chi-
nees, ermee naar een middeleeuws straatje in de half
afgebroken buurt van het Vleeshuis rijden, een lage
krotwoning binnengaan, waar een zwartharig, fel ge-
schilderd vrouwtje met een laag gedecolleteerde jurk
onmiddellijk de gordijnen zou dichttrekken, drie
zoentjes, een geanimeerd gesprek in Frans van de midi,
de porties opwarmen, eten met een pilsje, kop koffie,

uitkleden, het bed in, zuigen of gewoon, wat beiden hoorbaar bevredigde, met als toeschouwer de vette boxerteef, die de student blijkbaar kende, want hij mocht haar strelen, waarbij ze kwispelstaartte en zacht jankte; daarna omstreeks halfdrie terug naar het stadscentrum, een bioscoop binnengaan en diep in de veilige moederschoot verdwijnen, niet met opgetrokken knieën in vruchtwater, maar achterovergeleund in een fluwelen fauteuil, allengs groeiende spanning als het einde van de film nadert, angst vanwege het gewone visioen: de stad Trondheim in de poolnacht, het saturnusachtige natriumlicht, de ingeduffelde dwergen, de dampwolken achter de wagens, het gebonk van voorbijrijdende trams op bevroren grond; autootje starten, laten warmdraaien, Pelikaanstraat, rechtsaf Belgiëlei richting Jan de Voslei, het betonnen gebouw in de verte, het licht op de elfde etage brandt natuurlijk, parkeren tussen de bevroren sneeuwhopen, door de onvermijdelijke windstoten naar de trappen lopen, sleutel in het Yale-slot van de zware glazen deur, de zacht verwarmde ziekenhuishal, leeg alsof het gebouw uitgestorven is, op de knop van de lift drukken, rood lampje aan, gezoem, klik, naar binnen, de knop kiezen, klik, star voor zich uit kijken, klik, uitstappen, de gemeenschappelijke overloop met zes deuren, voorzien van een naamplaatje, waarna de student een sleutel in het Yale-slot van de vierde vederlichte teakhouten deur (fineer) steekt en de drie kinderen begroet die hun pappa juichend tegemoet rennen, elk een kusje, alsook de tevreden uitziende echtgenote, de gewatteerde anorak uitdoen, onmiddellijk aan tafel die gedekt staat, boterhammen, jam, *charcuterie*, kaas, halfsterke koffie die uit een opvallend grote, ouderwetse koffiepot-met-zak wordt geschonken, voor de kinderen lauwe melk uit een fles, waarvan er elke ochtend drie door de melkboer in het kastje beneden worden afgezet, na het avondmaal trekt de student zich terug naar de teakhouten werktafel (fineer), vlakbij het grote raam met het marmeren blad vol sanseviëria's en wijds vérgezicht op de woontorens vol lichtjes, waarna hij zich tot elf uur of later verdiept in de Engelse, Duitse, Nederlandse taal terwijl de kinderen geen kik mogen geven, stipt om halfacht drie nachtzoentjes tijdens het naar zeep geurende goenacht en hop paardje in galop bedwaarts want de zandman is in aantocht, omstreeks tien uur (als het huishoudelijk werk gedaan is) een nachtzoen van de echtgenote, die vervolgens in de slaapkamer verdwijnt, wat over en weer loopt, het licht uitdoet en dan wacht de student tot het er is, het gesnurk, en dan doet hij enkele stappen naar de boekenkast, trekt de encyclopedie eruit, neemt de cognacfles, ontkurkt, drinkt, slikt door, zucht van genot, en nog eens, en nog eens.

Ofwel: geen rechtsomkeert aan de Cromwelltank, maar met ingetrapte gaspedaal richting Brussel, de stank van Boom, de autosnelweg, aan het paleis van Laeken linksaf de Grote Ring op, voorbij de kazerne van Etterbeek linksaf, ergens proberen te parkeren, met de stroom studenten naar de campus, naar het bakstenen gebouw met neogothische trapgevel, door oververhitte gangen naar het auditorium, anorak uitdoen, het muffe lokaal vol rokende, pratende studenten, stilte als de prof verschijnt, verstrooid het college volgen, daarom altijd op de laatste rij, na afloop naar het universiteitsrestaurant, al dan niet vergezeld van medestudenten, al dan niet pratend over profs, boeken, literatuur, de groeiende berg leerstof, de examens, goedkope maaltijden in de zelfbediening naar binnen werken, een kop koffie om de slaap te onderdrukken die desondanks toch zal komen, vervolgens ofwel blijven kletsen, een wandeling door het besneeuwde Terkamerenbos, ofwel naar een muf seminarielokaal vol sigaretterook, om te lezen, notities bij te werken, tot het volgende college begint, tegen de slaap vechten, met de stroom studenten naar buiten lopen, de onbegrijpelijke poolnacht in, door de bijtende koude naar het autootje, starten, warmdraaien, de boulevard général Jacques oprijden, de Grote Ring, kasteel van Laeken, de autosnelweg, de stank van Boom, aan de Cromwelltank linksaf, Jan De Voslei, het flatgebouw vol lichtjes, tussen de bevroren sneeuwhopen parkeren, uitstappen, naar de trappen lopen terwijl de oostenwind fluitend tussen de betonnen pijlers blaast, sleutel in het Yale-slot, de zacht verwarmde ziekenhuishal, de knop van de lift, het rode lampje gevolgd door het obligate, hondstrouwe gezoem, klik.

Hoewel professor W. van Nederlandse literatuur mij na mijn spreekbeurt publiekelijk de aanmerking had gemaakt dat klimaat en landschap niet de minste invloed op de letterkundige creativiteit hebben, en in dit verband de gevreesde woorden Blut und Boden had uitgesproken (ik hield wijselijk mijn mond en dacht bij mezelf: de man is nooit uit zijn tuin geweest) droegen de eerste maanden van 1963 duidelijk de sporen van de koudegolf. Met andere woorden: tussen moeder de vrouw en mij ging het niet beter maar ook niet slechter. Geen sprake meer van ideologische veldslagen, venijnige woordenwisselingen over details, laat staan handtastelijkheden of kapotgooien van vaatwerk. Wel twee kleine hoogtepunten, nauwelijks het vermelden waard, een peulschil in vergelijking met de Dostojewski-taferelen die zich vroeger afspeelden.

1° Ostentatief het washandje van één der kinderen dat ik bij vergissing had gebruikt, tussen duim en wijsvinger opnemen alsof het gevaarlijk besmet was, en het in de wasmand laten vallen.

2° Mij maandelijks koppig blijven dwingen tot het bijwonen van de Bondsmis, verbazingwekkend zonder voorafgaande biecht ondanks het feit dat ik zogenaamd *in staat van doodzonde* leefde wegens misverzuim, want op zondag bleef ik in bed liggen lezen tot smiddags. Toen ik haar aan het verstand probeerde te brengen dat ze me precies door haar goede bedoelingen telkens aanzette tot een heiligschennende communie, waarschijnlijk harentwege eveneens een doodzonde, schrok ze. Maar gaf geen duimbreed toe. Bovendien wees ik haar op een verregaande onverdraagzaamheid. Aangaande het eerste probleem stond ze blijkbaar vast genoeg in haar schoenen, maar het tweede vergde enig onderzoek. Bij haar thuis waren ze op allerlei jezuïetentijdschriften geabonneerd. *De zaak steunen* heette dat. Op een dag kwam ze naar huis met een nummer van 'Streven'. Hier, leest dà maar 's, zei ze, en toonde me een aangestreept artikel van een zekere Hoefnagels. Dat ik las en meteen weer vergat. Of niet, althans niet een rechtstreeks gevolg ervan. Zonder aanleiding zei ze dat ze, gezien mijn weigering nog te biechten, geslachtsverkeer voorlopig niet meer op prijs stelde. Ze wou echter fair blijven en voegde eraan toe dat weigeren van haar kant verboden was, *omdat de huwelijksplicht door alles heen bleef gelden*.

De laatste aanbeveling was in de gegeven omstandigheden iets als parels voor de zwijnen, want eind februari 1963 was het meer dan drie maanden geleden dat er op dat gebied nog iets gebeurd was.

De weg naar mijn goud, geen roofvogel kent het,
het oog van de kraai bespeurt het niet.
Job 28 : 7

Medio maart begon het opeens te dooien en zachtjes-
aan hernam ook het leven zijn gewone Knut Hamsun-
gang. De serie maartse buien en aprilse grillen begeleidde onder meer de paasbloemen-op-tafel met voor
elk gezinslid twee zachtgekookte eitjes, massa's chocolade voor de kinderen en *ne zaligenoegdag* vanwege de
schoonouders die deden alsof ze mijn afwezigheid in
de gezongen mis Resurrexi niet hadden opgemerkt,
maar dat verbaasde me inmiddels niet meer, over mijn
roman hadden ze bij voorbeeld na een jaar nog geen
kik gegeven. De paasvakantie. Het was *échtnoggeen-
weer* om *naar Heide* te gaan en dat kwam eigenlijk
goed te pas, het bungalowtje was allesbehalve geschikt
om te blokken, iets waar ik opeens mee begonnen was.
De aanleiding: een schijnbaar onbeduidend incident
tijdens de Engelse filologische oefeningen. Gegeven
door een docent, D., een man die het van onderwijzer
tot hoogleraar had geschopt, zonder echter zijn oor-
spronkelijke mentaliteit af te leggen. We vertaalden De
Muur van Vandeloo in het Engels en op zeker ogenblik
was er sprake van 'de vogels voeren'. D. vertaalde het
door *to transport the birds*. Hij merkte dat ik even
opkeek en vroeg me waarom. I'm sorry, sir, but I
guess, it is *to feed* the birds, zei ik. Hij zag zijn ongelijk
in en bekende het ook geredelijk. Achteraf was ik er
helemaal niet gelukkig mee. Tweedejaarsstudenten,
aan wie ik het voorval vertelde, raadden me vooral,
goed beslagen bij D. ten ijs te komen, want enkele
jaren geleden was een student wegens een smerige
streek van hem ergens uit het raam van de zesde verdie-

ping gesprongen, iets waar hij bovendien publiekelijk een cynisch grapje over had gemaakt.

Onze flat was ondanks zijn gunstige ligging op de elfde etage voor een student qua rust evenmin een ideaal, vooral tijdens de paasvakantie. En op zekere dag eiste het bloed zijn tol. Mijn zoon wist met zijn levenslust blijkbaar geen weg, in verbeelding joeg hij zijn paard in gestrekte galop over de pampa's van de woonkamer en zelfs na een strenge vermaning deed hij alsof hij het niet had gehoord. Ik sprong uit mijn stoel, greep hem bij de lurven en gaf hem een draai om zijn oren, besefte echter een seconde te laat dat ik niet met een neger te maken had maar met een tenger zevenjarig jongetje. Hij gaf een hikkende schreeuw en wankelde met gesperde mond naar zijn mamma, die alle moeite van de wereld had om hem uit de huilkramp te halen. Toen het door merg en been snijdende gekrijs begon, was de ene kant van zijn gezicht al aan het opzwellen. Ik was kapot van spijt en had hem het liefst van al in mijn armen willen nemen om hem te troosten en daarna extra te verwennen, maar toen mijn echtgenote met de wijsvinger gevaarlijk dicht bij mijn neus voor mij kwam staan en de gewone reeks verwijten op me afvuurde, moet ze de moordlust in mijn ogen gezien hebben, gelukkig nam ze net op tijd haar toevlucht tot een huilbui in de keuken, ik gooide enkele cursussen in mijn boekentas, schreef op een briefje 'Naar Schoten om te blokken' en vertrok met slaande deuren. Ik werkte mijn woede uit op de versnellingsbak van het deux chevootje en toen ik in Schoten arriveerde, was ik voldoende bedaard om mijn ouders een plausibele uitleg te verschaffen. Ik zei hen bovendien dat ik in het vervolg graag elke vrije dag zou komen om te studeren. Mijn moeder bracht opgewekt de ronde hal op de eerste verdieping in orde en draaide de radiator open. Na een wandeling in het verlaten kasteelpark aan het einde van de dreef, installeerde ik me op mijn nieuwe werkkamer en nam een ritme aan dat ik besloot vol te houden. Een uur blokken. Wandeling. Een uur blokken. Wandeling. Enzovoort.

Thuis heerste er na het uiterst pijnlijke voorval vreemd genoeg een soort van godsvrede. Niet van hogerhand opgelegd, wellicht geïnspireerd door een begrijpelijk respect voor zoveel vastberadenheid mijnentwege om ondanks alles toch per se te willen slagen voor de moeilijke examens en zo de toekomst van mijn gezin te verzekeren. Weliswaar onderbroken door een loslippige allusie op mijn schrijversschap vanwege mijn echtgenote. Zoals meestal tijdens een koffietafel. *Jaja, ze schrijve nog,* zei ze tegen haar moeder, een guitige variatie op de geijkte familiewoordspeling (telkens als een piepjong vrijend paartje voorbijkwam, was het spottend: *jaja, ze vrije nog*). Over de tafel heen richtte ik een ijskoude blik op haar, maar ze ratelde door om de gène te verbergen, die uit haar afgewende ogen sprak.

Tweede onderbreking: Een *opendeurklas* in de school van het dochtertje. Alle ouders waren natuurlijk van harte welkom. Ga maar alleen, zei ik tegen mijn echtgenote, ik zit al heelderdage op de schoolbanke. Ja, *ik* zal d'r weeral op m'n eentje moete gaan zitte voor 't schand-van-de-mense, replikeerde ze. *Ik* zal zorge da 'k met veertig grade koorts in mijn bed lig gelijk met de nachtmis vorige keer, zei ik lachend. Waarop ik geboeid de couperose volgde die uit de ronde halsuitsnijding van de jurk opsteeg, het parelsnoertje bereikte, de onderkin, de ogen die licht uitpuilden, de neus die vocht begon af te scheiden.

190

De volgende dagen was ik op mijn hoede, want totaal onverwacht, zeker van haar overwinning, zou ze toeslaan. Wat gebeurde. Natuurlijk anders dan ik had gedacht. Ditmaal geen sprake van een zwarte of blonde haar, evenmin een flesje van Patou, gewoon drie briefjes van duizend frank, die ze voor mijn ogen liet wapperen. En waar komt dà vandaan? eiste ze. Voor ik kon antwoorden, was het: Ha schone meneer, dààrom vraagt ge nooit geen zakgeld, nù weet ik het! Wà weet ge? vroeg ik, onverschillig voor het feit dat ze alweer in mijn portefeuille had gesnuffeld. Da ge me *beliegt-en-bedriegt*! schreeuwde ze. Schouderophalend zei ik: Mijn vader vindt dat het beter is om met een warm hand te geve als met een kouwe. Toen was het hek van de dam. Ze stapte armenzwaaiend in het rond. Als *die geldwolf* toch zo rijk is alsdat hij beweert, dat hij dan liever een *huis* koopt voor zijn enig zoontje! ging ze door, maar natuurlijk pot hij zijn sente liever op terwijl da wij vette varkesworste moete frete en magrien en conserve en w'hebbe d'ailleurs nog geen fatsoenlijk deke voor de winter en geen fatsoenlijke slaapkamer om in te ligge, het is hier allemaal *Krott & compagnie*, op ne *schupstoel* zitte w'hier, nog erger als *zigeuners*, en om terug te komen op da geld, da's nu *van mij* hedde 't goe verstaan en ik zal maar zwijgen over de *kilométrique* van den otto en nog zoveel ander dinges waar ik *tegelegenertijd* mijn boekske nog wel 's over zal ope doen, ha smeerlap al moeste de *kraaie* het uitbrenge, maar *wéte* zal ik het, want loontje komt altijd om zijn boontje, vergeet da maar nooit!

Toen ik voor het eerst na lange tijd in zuivere Oxfordstijl *Please. Shut. Up* zei, hield ik mijn wang klaar, maar er gebeurde niets. Ik wist onmiddellijk waarom. Ik had de juiste toon niet getroffen. Misschien omdat ik mijn ogen niet had kunnen afhouden van het speek-sel dat uit haar open en dicht gaande mond droop, zodat het hele tafereel weg had van een stomme film.

Een bevlekt laken, erger is het dan dikke voeten, maar van beide breekt mijn hart.
Leviticus 18 : 23

Mei en juni. De dagen in vakjes verdeeld volgens een rigoereus werkschema, waar ik me in vastbeet als een terrier. De gevreesde schriftelijke taalexamens medio mei. Waarbij twee derden van de kandidaten moesten afvallen. En waarin ik tot mijn verbazing slaagde. Niet zonder dat D. me had toegebeten dat ik *a silly boy* was vanwege de f in stefmother. Wat ik er met genoegen bijnam.

Elke dag van de blokperiode naar Schoten om de geheugenvakken onder de knie te krijgen. De wiskun-dige formules van Whitehead & Russell. De honderden feitjes en data van de Franse Revolutie. De vrouwen van P.C. Hooft. Alle standaardwerken ooit over filo-logie geschreven. Expressionismus und Dada in die Deutsche Literatur. De instellingen van de Middeleeu-wen. History of Englisch Literature. De Boer Die Sterft. Geschiedenis van de Nederlandse Letterkunde. Zestig boeken samenvatten. Waanzin.

Mijn moeder die dolgelukkig was omdat ze weer voor haar zoon kon zorgen via biefstukken, sinaasappelsap en de rust van haar huis waar zelfs de radio niet meer speelde. Soms, als het goed weer was, met Arlette naar Brecht, waar ik veilige plekjes kende om in de open lucht te vrijen.

De Kafka-sfeer in de gangen van het gebouw der Wijs-begeerte en Letteren tijdens de mondelinge examens, met buiten de campus de stilte van het Terkamerenbos waar ik tussen twee examens in mijn samenvattingen een laatste keer ging doorwerken. Mijn groeiend zelfvertrouwen na elk examen. De uitslag. Geslaagd met 69 %. Mijn ouders waren in de wolken. Arlette trakteerde op champagne. En mijn echtgenote? Met het familielachje om haar mond zei ze, nadat ik uit mijn roes ontwaakt was na een woeste nacht met medestudenten: Weet ge da'k blijer ben met de 55 % van uwe zoon als met de 69 van u? Ik knikte welwillend. Ik was te leeg en te gelukkig om adequaat te reageren. Dacht: godallemachtig, zou ze nu werkelijk gewenst hebben dat ik gezakt was of is ze alleen maar razend omdat ik om zes uur in de morgen ben thuisgekomen?

Dit wat er in grote trekken tijdens die twee maanden gebeurde. Ook nog andere dingen, waarvan drie wellicht het vermelden waard zijn.

1° Een Kaffeeklatsch waarop een vijftal gewezen girl scoutsleidsters uitgenodigd waren. Vrouwen van bij de veertig die niets anders deden dan over hun gezin praten en anekdotes ophalen van in de *zalige, plizzelolligen* tijd bij de Gidsen. Vier hadde ne goeie man met-een-goei-positie, een eigen huis en Godzijdank gezonde kindere. Eén die nog altijd actief in de beweging stond, was nog oujongedochter en die werd aangesproken met *commissaresse* plus haar totem, wat als een bewijs gold van grote vertrouwelijkheid. Ze vonden vooral de ebbehouten en ivoren *posturen* van ons interieur zo *schoon* en zo *echt-uit-de-Kongo*. Eén moest lachen om het gestrikte lint dat een sanseviëria op de vensterbank versierde. Da's namelijk ne plant dien'k van-mijn-schoonmoeder heb gekrege, legde mijn echtgenote met een knipoogje uit, en één van de dinge die ze namelijk nie kan late is rond alles ne strik legge. Hard gelach, waarna het geroddel over de respectieve schoonmoeders kon beginnen. Het werkte zo op mijn zenuwen dat ik me in het gesprek mengde toen één van hen opnieuw het onderwerp ebbehout-en-ivoor aansneed. Ik zei: Wat hier staat is maar rommel. De stukke van waarde hebben w'in Kongo moeten achterlate... Verwonderde blikken. Ja, en wà dan wel? vroeg mijn echtgenote ingehouden. Een paar olifante-slagtande van elk meer dan zestig kilo, zei ik met mijn ogen recht in de hare. Ze werd rood. Och, ge moet 'm nie gelove, zei ze euforisch tegen haar vriendinnen, hij wou ze *zomaar pamba* naar België oversture, maar ge moet wete dat op *ivoorsmokkel* strenge straffe staan, en ik vond da nie gepermitteerd voor ne fonctionnaire. 2° Begin mei werd door de faculteit Lichamelijke Opvoeding van de universiteit een 80 kilometermars georganiseerd voor de studenten. Naar Amerikaans voorbeeld, waar een fitheidsrage hoogtij vierde. Als test deed ik twee dagen na elkaar een geforceerde mars van veertig kilometer en liet me inschrijven. Ik kwam als derde over de streep, hoofdzakelijk dank zij tientallen koppen Ovomaltine, het gezelschap van een mededinger en dat van een medestudent die ons per fiets begeleidde. Na een stortbad reed ik doodmoe naar huis, waar mijn echtgenote goedkeurende woorden overhad voor mijn prestatie. Fra Diavolo-met-drijkindere, zei ze met een lachje. Ik ging onmiddellijk naar bed. Midden in de nacht werd ik wakker van onweerstaanbare paardrift. Ik overviel het slapende lichaam naast mij, trok de broek naar omlaag en stootte naar binnen. Ze deed alsof ze doorsliep maar nadat ik op het laatste nippertje had teruggetrokken en in het laken geëjaculeerd, zag ik in het nachtelijke schijnsel twee ogen blinken. Duidelijk hoorde ik haar

met vochtige lippen spellen: *Smeerlap, ik walg van u.*
Waarop ze zich met een ruk omdraaide en in haar
hoofdkussen begon te huilen.
3° Medio juni klaagde ze over *vapeurs*, pijn in de
onderbuik en dikke voeten. Bovendien kreeg ze al na
een kwartiertje lopen hartkloppingen, zodat zelfs
boodschappen doen *ne Kalvarieberg* werd. Ga naar
den dokter, raadde ik haar aan. Wat ze deed. Resul-
taat: Librium. Eivormige zwarte capsules voor de
ontstoken baarmoederhals. Hygroton tegen water-
zucht. Pilletjes tegen hoge bloeddruk. Weet ge da'k
twintig heb! verweet ze me. Ik: Precies of da 't *mijn*
schuld is. Zij: De *mijn* zeker? Ik: Simpel, g'eet te veel.
Zij: Ne mens moet *inslag* hebbe, wilt ge soms da 'k
omval van slapte?
Ze at nog altijd ongeveer het dubbele van wat een normale maag kan bevatten. En deed niet de minste
moeite meer om er jonger uit te zien dan ze was.
Allengs begon ze sprekend op haar moeder te gelijken.
Afgezien van de negentiende-eeuwse *dot* en de ontbre-
kende of afgebroken tanden, die aan mijn schoonmoeder het uitzicht verleenden van een bij vergissing in de
adelstand verheven volksvrouw.

Een vertrek dat geluk brengt
is als een vrouwenhals vol koralen.
Spreuken 8 : 7

In het vooruitzicht dat kort daarop de vier neefjes en
nichtjes *naar Heide* zouden komen logeren, werd er
een ampele lijst gemaakt met de inkopen die dringend
moesten worden gedaan. Het was warm en vooral de
voorraad frisdranken diende flink te worden aangevuld met het oog op industrieel verbruik. Elk een kar-

retje voor ons uit duwend liepen we (mijn echtgenote, haar ongetrouwde zus en ik) langs de rayons van de Sparwinkel vol mannen, vrouwen en kinderen in fleurige sportkleding. Bij de kassa wachtten we op elkaar en daar checkte mijn echtgenote de artikelen om te zien of er niets ontbrak.

Wat is dà daar? vroeg ze opeens, wijzend naar een karton met zes pilsjes. Bier, antwoordde ik. Voor wie?, vroeg ze. Voor mij, antwoordde ik. Wilt ge da terug gaan zette, beval ze kortaf. Terwijl het zweet uit mijn poriën brak en ik me koud en beverig voelde worden (maar desondanks met een onnozel glimlachje om de lippen naar de rayon liep om het karton pilsjes zorgvuldig terug te zetten) ging ik daarna met slappe benen in de rij staan, betaalde, laadde de vracht in het autootje, startte, alle bewegingen robotachtig, telegeleid, hierdoor blijkbaar foutloos. Onderweg steeg opeens muziek van Bach in me op en ik begon de beroemde aria te zingen, wat mijn echtgenote en haar zuster tot een staplied aanzette, want ze waren al dagen in de goede vakantiestemming. Thuis laadde ik uit, zette de bakken spawater in de koelte, de drie flessen peperduur Frans fruitsapextract Vérigoud op het aanrecht, deed mijn kletsnat hemd uit en liep de tuin in. Daar begonnen de gevreesde cortisone-hartslagonderbrekingen zodat ik soms naar adem moest happen. Ik liet me in de ligstoel neer en sloot de ogen tot ik opnieuw normaal kon ademen met alsmaar de aria van Bach diep in mij.

De hele dag toonde ik me biezonder minzaam en na de avondwandeling werden de kinderen zoals gewoonlijk door hun tante gewassen, terwijl mijn echtgenote en ik op de bank achter in de tuin van de koelte genoten. Daar legde ik mijn arm om haar schouder en zei, onbeweeglijk voor me uit kijkend, dat ik me voor het eerst sinds lang weer gelukkig voelde. Dat er weliswaar nog drie moeilijke jaren studie voor de boeg lagen, maar daarna zou de hemel bij wijze van spreken voorgoed opklaren. Ze zat gespannen te luisteren. Toen ik zei dat ik de volgende morgen bij mijn ouders langs zou rijden om mijn vader een voorschot op de erfenis te vragen om een huis te kopen, snoot ze snel haar neus en legde na een diepe zucht haar hoofd op mijn schouder. O Lijster, zei ze, hier wacht ik nu al jaren op, en ze liet haar tranen de vrije loop. Komkom Winnetoe, zei ik sussend, terwijl ik een voor een haar vingers telde en aandachtig de kootjes plooide. Toen ze bedaard was, keek ik rond of niemand zogenaamd iets tegen ons bekokstoofde en zei bewogen: Vindt g'ook nie dat den tijd gekomen is om stillekesaan voor een vierde kindje te zorge? Ze greep mijn schouders en drukte haar hoofd vast tegen mijn wang aan, die nat werd van haar tranen. Met vochtige b- en p-klanken fluisterde ze heftig, opeens verhit: Weet ge da 'k nú al zou wille beginne hier op de bank, 'k heb echt spijt dat de kindere nog nie gaan slape zijn... Strak in bed hebbe we tijd genoeg, zei ik, zachte klopjes op haar hand gevend. Ze bewoog onrustig met haar zitvlak over en weer, snoot haar neus en zei lacherig dat ze er *helemaalaardig* van werd, nie voorniet want het ware just haar vruchtbare dage en per slot van rekening was ze toch ook nog *vrouw*.

Een poosje nadat de kinderen goenacht waren komen zeggen, gingen we ook naar binnen. Terwijl ze zich in de keuken een beetje ging wassen, liep ik de tuin in en concentreerde me op het volgende punt van de opdracht, die ik me snamiddags in de ligstoel voorgenomen had uit te voeren. Vanaf dat ogenblik was het alsof ik mijn bewustzijn op een gesloten circuit schakelde. Ik maakte mijn gulp open en begon snel te masturberen, terwijl ik hevig aan Arlette dacht en aan één stuk door *suce, salope, suce-moi alors!* zei. Daarna kneep ik het overblijvende sperma uit de pisbuis en urineerde mijn blaas leeg. In bed wachtten we eerst een half uurtje tot haar zuster waarschijnlijk ingeslapen was, ik greep haar vast en verblijd legde ze de handdoek onder haar billen, spreidde de knieën en prevelde gejaagd dat het niks gaf, toen ik zei dat het er rap zou zijn na twee maanden onthouding. Bevend van medeplichtige hysterie, provoceerde ik vervolgens de erectie, gleed naar binnen, stootte enkele keren ongeëvenaard snel over en weer, riep hijgend ho ho ho en bleef een minuut of wat stil liggen, terwijl ze zielsgelukkig omhoog lag te kijken. Geknield poetste ik mijn kleverige penis, hield de adem in om mijn reukzintuig uit te schakelen en liet me achterover naast haar op het laken neer. Onmiddellijk nam ze mijn hand in de hare, die warmte uitstraalde alsof er electrische stroom doorheen werd gejaagd. Ze zei dat ze eigenlijk nog wat wou *babbelen* alvorens te slapen. Maar ik nam het woord. Over het huis, dat ik besloten had in de omgeving van Leuven te kopen, omdat het nu geen punt meer was op welke universiteit ik voortstudeerde, ik was geslaagd en dat was een goede garantie. O Lijster, zei ze, weet ge dat het van in 't begin in Kongo gelejen is da 'k uwen totem nog heb genoemd? Ja, Winnetoe, zei ik, onophoudelijk haar hand strelend. Aan ons huis moet een groten hof zijn, vervolgde ze, dan kunnen we nen hond of een kat houe en de kindere zulle van de goei lucht profitere en onzen Edmond studeert ook in Leuve en dan kunnen w'hem regelmatig gaan bezoeke. Ik knikte en zei gedempt tegen haar oorlel (terwijl ik opnieuw ademnood kreeg): Voorda we gaan slape, wil ik nog één dink zegge... Ze gaf een kort kneepje van verstandhouding in mijn hand. In 't vervolg ga ik terug mee naar de mis en volgende zondag ga ik een algemene biecht spreke in Putte-kerk en slaapt nu maar, ik wil nie meer da ge nog schreit... Ze hield mijn vuist omklemd terwijl ze uit alle macht hikkende keelgeluidjes lag te onderdrukken. En voor ze zich omdraaide om te slapen, gaf ze me een kruisje op mijn voorhoofd, gevolgd door een plotselinge tongkus met ver gesperde mond. Toen kort daarop het doodsgerochel begon met de pufgeluiden van ontsnappende lucht vantussen vochtige lippen, gleed ik uit het bed, sloop naar de keuken, waar mijn boekentas stond, nam twee slaappillen, slikte ze door met een teug lauwe martini en wachtte in het salonnetje tot het zweverige gevoel in me opsteeg. En sloop de slaapkamer weer in.

Volgende ochtend. Slap, bibberend van te lage bloeddruk opstaan. Even de tuin in om diep te ademen. Me in de keuken van kop tot teen wassen. Scheren. Zomers ontbijt met aardbeien en bruine suiker. Onophoudelijk verliefde blikken van mijn hoogrode echtgenote, die daarna neuriënd een lijstje opmaakte van de dingen die ik voorallevalleveur uit de stad moest meebrengen. Kusjes aan de kinderen. Zelfs een grapje. Dag deugenietepappa. Zij (stralend): Tot strakskeséé pappie. Ik: Dag mammie. Nog een laatste keertje wuiven aan het hek.

Vervolgens: motor starten. Koppelingspedaal intrappen. Versnellingsknuppel grijpen. Raampje open om de koele ochtendbries over mijn gezicht te laten strelen. Het stuur vastklemmen zodat mijn handen er pijn van doen. Zweet in de oksels. Beven als een suikerzieke oude man. Het wilde gevoel met moeite kun-

nen onderdrukken zodat mijn bilspieren alsmaar span-
nen en ontspannen. Moeten slikken om de jeukende
prop weg te krijgen die uit mijn borstbeen omhoog
kruipt. Slordig, veel te snel rijden. Door de bochten
scheuren. Allerlei klanken zingen en ha, ho en héé roepen. Kapellen. Merksem. Schoten. Daar: in het
P.T.T.-kantoor   binnenlopen.   Telegramformulier
invullen. In drukletters. Uiterst langzaam en duidelijk.
BEN VERTROKKEN. GOOD LUCK. JO. De
bediende die de woorden telt. Betalen. Naar het wagentje. Starten. Voorzichtig de Kasteeldreef inzwen-
ken. Stoppen aan het witte landhuis met het rieten
dak. Bellen. Mijn vader die verbaasd opkijkt vanwege
het vroege uur. Ik die zeg: Ik ben het thuis afgetrapt.
Hij die even schrikt, maar koelbloedig antwoordt: Dat
had ik al lang verwacht. Mijn moeder die de handen
voor haar mond houdt en geen woord kan uitbrengen.
Ik die de ogen afwend en tegen mijn vader zeg: Gaat ge
me helpen om mijn kleren en boeke uit het appartement te hale? Hij die antwoordt: Hier is de contact-
sleutel. Zet de car maar uit de garage, dan ga ik me rap
schere.

Baarle-aan-de-Leie, 19 september 1977

200